नशेब-ओ-फ़राज़

(उतार-चढ़ाव)

ग़ज़लें और नज़्में

AF081144

सुश्रुत पंत "ज़र्रा"

BlueRose ONE.com
Stories Matter
NewDelhi • London

© **Sushrut Pant 2022**

All rights reserved

All rights reserved by author. No part of this publication may be reproduced, stored in a retrieval system or transmitted in any form or by any means, electronic, mechanical, photocopying, recording or otherwise, without the prior permission of the author.

Although every precaution has been taken to verify the accuracy of the information contained herein, the author and publisher assume no responsibility for any errors or omissions. No liability is assumed for damages that may result from the use of information contained within.

First Published in September 2022

ISBN: 978-93-93899-73-6

BLUEROSE PUBLISHERS
www.bluerosepublishers.com
info@bluerosepublishers.com
+91 8882 898 898

Cover Design:
Geetika

Distributed by: BlueRose, Amazon, Flipkart

दादा दादी को समर्पित

(स्व. श्री. रघुवर दत्त पंत एवम् स्व. श्रीमती प्रभा पंत)

अनुक्रम

तअर्रुफ़ 1

गुफ़्तगू 3

ग़ज़लें 6

कुछ इस तरह मेरे दिल का निज़ाम हो जाए 7

इक मुसाफ़िर से मैं कारवां हो गया 8

राह अंजान है तो राह पे चल के देखें 9

अपनी परवाज़ को जब थाम लिया है हमने 10

ज़िंदगी शर्त थी जो हार गए 11

हालत न देखिए मेरा पिंदार देखिए 13

खोते-खोते कुछ तो पाया जा सकता है 14

दिल के अरमां किसी से क्या कहते 15

ये तयशुदा था कि मुझ को सज़ा तो होगी ही 16

हम तो दाइम सफ़र में रहते हैं 17

हर अधूरे दिन का है अंजाम जाम 18

चमन में हर तरफ़ नक़्श-ए-खिज़ां है 19

बस न जा पाए अपनी ख़ू के परे 21

हसरतों को कब क़रार आता सिला पाने के बाद 23

आइना साफ़-साफ़ देखो तो 24

नए फ़ैशन से सारा हो रहा है 25

हम ज़माने से रू-ब-रू भी हैं 26

माज़ी को खोलने पर, हैं कब जवाब निकले 27

रास्ता ख़त्म यूं हुआ ही नहीं 29

अच्छी हुई है शायरी दौर-ए-ख़राब में (तरही ग़ज़ल) 31

तिश्ना नज़रों को भला दें क्या नज़ारे तोड़ के 33

रास्ता ही देखते बस रह गए ग़मख़्वार का 34

ज़ुल्फ़-ए-सियह की बात कि दस्त-ए-हिना की बात 35

हर एक गाम पे काँटे बिछा रहा है कोई	36
हर इक आरज़ू से रिहा चाहता हूँ	37
ख़ुशी का साज़-ओ-सामां है न कम कुछ	38
हम उल्फ़त में हैं क्या को क्या कहने वाले	39
माथे अब पुर-शिकन सभी के हैं	40
हसरतों का कोई मक़ाम हुआ	41
क्या इश्क़ अब तो बैर के क़ाबिल नहीं रहा (तरही ग़ज़ल)	42
आशियाने से परिंदे जो फ़लक पर आ गए	44
सफ़र में रोज़ मेरा नाम वो पुकार गई	45
आज दिल को जला गया कोई	46
अपने लब से तो कोई बात बताते भी नहीं	48
अहल-ए-महफ़िल तो क़द्रदां होंगे	49
पस-ए-अल्फ़ाज़ इशारात हैं कुछ और हुए	50
आदमी आदमी से बात करे	51
हाल अपना जो बड़ी देर सुनाते ही रहे	53
फूल था या कि ख़ार था क्या था	54
यूं न रस्मन भला-भला कहिए (तरही ग़ज़ल)	55
किस-किस अज़ाब से कहो गुज़रा नहीं हूँ मैं	57
जब भी वो बिजलियाँ गिराते हैं	58
किससे चारे की करें उम्मीद हम नाचार लोग	60
लाज़मी है गुनाह होता नहीं	61
कितने अजीब ढंग से, अब के शराब पी गई	62
आजकल कुछ ख़फ़ा-ख़फ़ा रहता	63
रास्ते हमवार करते ही गए	64
मुझको छुपा ले कोई, रानाइयों में अपनी	65
किसके रोके से है रुका पानी	66
जब से दिल में सुकून तारी है (तरही ग़ज़ल)	68
यक़ीन मुझ को तेरी बात पर नहीं होता	70
तुमको करने करम नहीं होंगे	71
ये नहीं रस्म-ए-जहां में हर तरह बेकार हूँ	72

एक चेहरा बहुत है याद आया	73
रात भीगी है और तन्हा भी	74
हमसे दुनिया में उजाले हैं तो हैं	75
न तो आह मेरी सुनाई दे न ही ज़ख़्म मेरा दिखाई दे	77
राज़ को खोला है इस अंदाज़ में	78
अब ये ख़ुदा ही जाने वो क्यूँ मुस्कुरा रहे	79
बेज़ार हो गए हैं अब इस ज़िंदगी से हम (तरही ग़ज़ल)	80
फिर दिल को आबाद न कर	82
न हवा है न आब-ओ-दाना है	83
हमसे गिला न कर कि हम, तेरी अदा में ढल गए	84
सोच लो कितने सितम उसने उठाए होंगे	85
मुझ को अपना फ़ैज़ अता कर दे ख़ुदा	87
जो अँधेरों में दीप जलते हैं	89
भला नहीं तो बुरा भी न इस क़दर होता	91
क़त्ल के लगता है मेरे इस क़दर चर्चे हुए	92
ज़िंदगी इंक़लाब में हमने	93
तीरगी झिलमिलाती रही रात भर (तरही ग़ज़ल)	95
घर को छोड़ आए थे सफ़र के लिए	97
असीरी में जिए जाते हैं ज़िंदां में मलालों के	98
दो-चार सबसे हुए एक-एक करते हुए	99
क्या ये सच है कि हमसफ़र हम हैं	100
ज़िंदगी से प्यार हम करते गए	102
कोई ग़म इसके जैसा ग़म नहीं है	103
दर पे दस्तक-सी हुई घर से निकलने के लिए	104
सदाएं सुनना ख़ामोशी की शब भर अच्छा लगता है	105
इंतिहा पर इंतिहा हूँ कर रहा	106
दर्द यूं ला-दवा नहीं होता (तरही ग़ज़ल)	108
आज तुझको जो फ़लक पर हैं बिठाने वाले	109
शौक़ का सामान है लेकिन तबीअत और है	110
जब भी दिल में मलाल आता है	112

ये सफ़र जो तन्हा है इस क़दर तो फिर उठ रहा है ग़ुबार क्यूँ	113
कोशिशों में तो कभी चाहों में	114
यूं खुल के न सच बोला करो दौर-ए-खिज़ां में	115
मैं सियह को सपीद कर आया	116
प्यास में प्यासा मर जाने से कम कुछ भी मंज़ूर नहीं	117
आसमां से ज़मीं से निकलेंगे	118
लो मेरे बाम पे फिर आई उतर आज की रात (तरही ग़ज़ल)	119
रुसवाइयों से मुझको पशेमां न कर सके	120
दुख का सूरज है ये ढलता कब है	121
मैं रहनुमा के कहे रास्तों से दूर रहा	122
सब गए अपने घर शराब के बाद	123
नज़्में	125
वतन की याद में	126
दादा-दादी की याद में	127
देस का चाँद	128
अलविदा	129
आग़ाज़	130
हसरत	131
सहर का सफ़र	133
रात की सरगोशियां	135
घर तेरा बाबा आया	136
वतन से दूर	138
सलाम	139
ये रात	140
फ़ुसूं	141
विरासत	142
सुबूत-ए-उल्फ़त	143
दुनिया	145
नशेब-ओ-फ़राज़	146

तअर्रुफ़

नाम : सुश्रुत पंत "ज़र्रा"
ईमेल : sushrut.pant@yahoo.com
फ़ेसबुक : Zarraa's Shayari
यू ट्यूब : Zarraa's Shayari

सुश्रुत पंत "ज़र्रा" का जन्म कानपुर में हुआ और स्कूली शिक्षा आगरा, भोपाल और दिल्ली में। फिर इन्होंने मुम्बई विश्वविद्यालय से बी.एस.सी की डिग्री ली और आई.आई.एम अहमदाबाद से एम.बी.ए किया। ये पिछले दो दशकों से मार्केटिंग के क्षेत्र में कार्यरत हैं और देश-विदेश में अंतरराष्ट्रीय कम्पनियों के साथ काम करते आए हैं। भारत के अलावा ये अमेरिका, सिंगापुर, वियतनाम और नाइजीरिया में रहे और काम कर चुके हैं। आजकल ये मुम्बई, भारत में वास करते हैं।

ये "ज़र्रा" के तख़ल्लुस से शे'र-ओ-सुख़न की दुनिया से मुख्यत: ऑनलाइन माध्यम से जुड़े हुए हैं जहाँ इनके कलाम को दाद-ओ-तहसीन से नवाज़ा गया है। इनकी ग़ज़लें और नज़्में विभिन्न पत्रिकाओं में छपती रही हैं और साझा ग़ज़ल संग्रह परवाज़-ए-ग़ज़ल 5 और 7 में इनकी ग़ज़लें प्रकाशित हो चुकी हैं। ये फ़ेसबुक पर सक्रिय अदबी समूहों में लगातार शिरकत करते आए हैं।

"ज़र्रा" की शायरी में रूमानियत और कैफ़ के साथ-साथ मौजूदा हालात पर फ़िक्र और तब्सिरे हैं। बेज़ारी के तल्ख़ एहसासात भी हैं और इंसानी जज़्बात का रंगीन ताना-बाना भी। ये दिल और दुनिया दोनों की बातें करते हैं और ज़िंदगी, समाज, रिश्तों की कशाकश को अपने अशआर में पिरोते हैं।

ज़र्रा के कुछ चुनिंदा अशआर इस तरह हैं :

कुछ इस तरह मेरे दिल का निज़ाम हो जाए
जहाँ क़याम हो मेरा मक़ाम हो जाए

मैं रहनुमा के कहे रास्तों से दूर रहा
मेरा मक़ाम सदा मंज़िलों से दूर रहा

आइना साफ़-साफ़ देखो तो
अक्स को करके माफ़ देखो तो

मैं सियह को सपीद कर आया
दिल में रौशन उमीद कर आया

हालत न देखिए मेरा पिंदार देखिए
दामन है तार-तार तो दस्तार देखिए

अपनी परवाज़ को जब थाम लिया है हमने
आसमानों को तह-ए-दाम लिया है हमने

हम तो दाइम सफ़र में रहते हैं
दर-ब-दर अपने घर में रहते हैं

ज़ुल्फ़-ए-सियह की बात कि दस्त-ए-हिना की बात
जो बात दर्द की है वही है दवा की बात

सफ़र में रोज़ मेरा नाम वो पुकार गई
जो मेरे शहर की जानिब को रहगुज़ार गई

गुफ़्तगू

जो लोग मुझे जानते-पहचानते हैं, वो भी हैरान होते हैं ये जानकर कि मैं शायरी करता हूँ और ठीक-ठाक सी कर लेता हूँ।

उनके चार सवाल होते हैं :

1. तुम्हें शायरी का शौक़ कैसे हुआ?
2. तुम मार्केटिंग के पेशे में विदेश में रहते हुए शायरी कैसे करते रहे?
3. तुमने अपना तख़ल्लुस "ज़र्रा" क्यूँ रखा?
4. तुम्हारी क़िताब इतनी देर से क्यूँ आ रही है?

अब इनके जवाब देखिए

1. तुम्हें शायरी का शौक़ कैसे हुआ?

जहाँ तक मुझे याद है, पहला शे'र बचपन में दादाजी से सुना था और बहुत पसंद आया था। साथ ही कविता में भी रुचि हुई दादीजी की वजह से, जो एक अच्छी कवयित्री थीं और उनके प्रोत्साहन से मैं लिखने की कोशिश करने लगा। ये क़िताब स्वर्गीय दादा-दादी को सादर समर्पित है।

मैंने पहली बार शे'र जैसा कुछ कहा था कॉलेज में। अब वो दौर ही ऐसा होता है कि दिल शायराना हो जाता है! फिर बड़े शोरा का कलाम पढ़ा और नामी मौसीकारों की गाई ग़ज़लें सुनीं, जिससे पूरी तरह शायरी का असीर हो गया। मगर उसके कई साल बाद ये इल्म हुआ कि शायरी में कई तकनीकें और नियम हैं। तब 'ऑनलाइन-दश्त-ए-जुनूं' की नवर्दी करते हुए बहर, वज़्न, क़ाफ़िये, रदीफ़ वगैरह की जानकारी इकट्ठा की। साथ ही शायरी में इस्तेमाल होने वाले अल्फ़ाज़ और और उनके तलफ़्फ़ुज़ को समझने की कोशिश भी करने लगा। ये कोशिश अभी भी जारी है और ता-उम्र रहेगी।

2. तुम मार्केटिंग के पेशे में विदेश में रहते हुए शायरी कैसे करते रहे?

ये सच है कि मेरे व्यावसायिक और सामाजिक दायरे में दूर-दूर तक शायरी मौजूद नहीं है; मगर मार्केटिंग, जो मेरा पेशा है, उससे मुझे वो खाद भी मिलती है जिससे शायरी के गुलशन में फूल उगाए जा सकते हैं। मार्केटिंग का एक पहलू इंसानी सोच और जज़्बात से तअल्लुक़ रखता है और ये भी एक ज़रिया है जिससे मैं ज़िंदगी की हक़ीक़तों से जुड़ा रहता हूँ। इसके अलावा, मेरा रोज़गार मुझे अलग-अलग शहरों और मुल्कों में ले गया है, जिससे मेरी फ़िक्र के दायरे वसीअ हुए हैं और ये एहसास भी हुआ है कि लोगों और समाजों में जितनी तफ़ावतें हैं, उससे ज़ियादा शबाहतें हैं। एक और बात, इन तजरबात से मेरी शायरी में "सफ़र" का मौज़ू रह-रहकर आने लगा जो देश-विदेश की सिहायत का आइना भी है और दिल की अंदरूनी मसाफ़तों का अक्स भी।

3. तुमने तख़ल्लुस "ज़र्रा" क्यूँ रखा?

ज़र्रा का अर्थ है "कण" या "पार्टिकल"! मैं खुद को वाक़ई ज़र्रा समझता हूँ, शायरी के लिहाज़ से भी और ज़िंदगी के लिहाज़ से भी। मगर ये एहसास-ए-कमतरी नहीं है क्यूँकि ये भी सच है कि "ज़र्रा" ज़मीन से भी जुड़ा रहता है और आफ़ताब होने का इमकान भी रखता है। तो इस हिसाब से इस लफ्ज़ का किरदार मुझे बहुत पसंद आया और मैंने ख़ुद को इसे सौंप दिया।

4. तुम्हारी क़िताब इतनी देर से क्यूँ आ रही है?

इस सवाल के अंदर भी दो सवाल हैं :

(i) क़िताब अब तक क्यूँ नहीं आई?

(ii) क़िताब अब किसलिए आ रही है?

सबसे पोशीदा रखा अपना हुनर

बस इसे तैयार करते ही गए

मैं अपनी शायरी से कभी मुतमइन नहीं रहा। हमेशा लगा कि ये किसी लायक नहीं है और हर बार यही सोचा कि इसे ज़रा और निखार लूँ, फिर छपवाऊँ। मगर कुछ दोस्तों की नेक सलाहों से समझ आया है कि बेहतरी तो एक मुसलसल काविश है, जो ज़िंदगी भर चलती रहेगी। फिर कुछ अदबी मंचों से मिली हौसला-अफ़ज़ाई से भी हिम्मत बँधी कि मेरा क़लाम शाए करने लायक़ है शायद। साथ ही ये भी लगा कि किताब छपवाने की प्रक्रिया से भी सीखने को मिलेगा और लिखने के जोश में और इज़ाफ़ा होगा।

इस सोच को अमल में लाने का मौक़ा मिला कोरोना काल के लॉकडाउन के दौर में। तब फ़ुरसत भी थी और सोशल मीडिया में शायरी का माहौल भी गर्मा गया था। मैंने तब किताब पर काम करना शुरु कर दिया और उस कोशिश का अंजाम आपके हाथ में है।

किताब का उन्वान "नशेब-ओ-फ़राज़" अपनी एक नज़्म पर रखा है जो इस किताब के आख़िर में है। वैसे भी, मेरा सारा कलाम ज़िंदगी के नशेब-ओ-फ़राज़ (उतार-चढ़ाव) का ही तो बयान है।

इस क़िताब में पिछले 15 सालों में कही मेरी ग़ज़लों और नज़्मों का इंतिख़ाब है। इस दौरान मैं 5 मुल्कों में रहा था और अलग-अलग इम्तिहानों से गुज़रा था, जिनका असर मेरे कलाम में महसूस किया जा सकता है।

इसमें आपको चंद तरही कलाम भी मिलेंगे जो बड़े शोरा की ज़मीन और मिसरों पर कहे गए हैं। ये जसारत उन्हें ख़िराज पेश करने के सबब से और उनसे सीखने की ग़रज़ से की गई है। अपने कलाम के बारे में अब और कुछ न कहते हुए उस पर राय क़ायम करने का काम आपके ज़िम्मे करता हूँ।

तो चलिए, मेरे "नशेब-ओ-फ़राज़" अब आप की अमानत हैं! बहुत शुक्रिया मेरी क़िताब को मौक़ा देने का और आपकी राय का मुझे इंतज़ार रहेगा।

बहुत सी दुआओं के साथ,

सुश्रुत पंत "ज़र्रा"

ग़ज़लें

ग़ज़ल

कुछ इस तरह मेरे दिल का निज़ाम[1] हो जाए
जहां क़याम हो मेरा मक़ाम हो जाए

कटेगा आलम-ए-तनहाई में ये दिन कैसे
जो सुब्ह सोचने बैठूँ तो शाम हो जाए

इलाज सब की नज़र में है कामयाब तबीब[2]
तेरा मरीज़ भले ही तमाम हो जाए

जो मुद्दओं पे मुझे ख़ल्क़ कर रही रुसवा
मेरी नज़र में मेरा एहतराम हो जाए

अभी तो नश्शे से क़ीमत चुकानी पड़ती है
ये बेख़ुदी जो मिले मुफ़्त आम हो जाए

लिहाज़-ए-अहद-ए-वफ़ा और शोर-ए-तर्क[3]-ए-वफ़ा
रह-ए-वफ़ा का सफ़र गाम-गाम हो जाए

सदा-सदा के लिये छोड़ दी है दिल की गली
मगर कभी-कभी ज़ौक़-ए-ख़िराम[4] हो जाए

कभी तो "ज़र्रा" सुख़न से भी आगे बात बढ़े
जो है कलाम में वो हम-कलाम[5] हो जाए

1.निज़ाम = प्रबंधन, 2. तबीब = चिकित्सक, 3. तर्क = छोड़ना,
4. ज़ौक़-ए-ख़िराम = टहलने का आनंद, 5. हम-कलाम = बात करने वाला

ग़ज़ल

इक मुसाफ़िर से मैं कारवां हो गया
मेरा लुत्फ़-ए-सफ़र इम्तिहां हो गया

घर का सामान घर से हुआ है अहम
अब मकीनों[1] से बढ़ कर मकां हो गया

एक ही राह पर जाने कितने सफ़र
मंज़िलों मंज़िलों में गुमां हो गया

जो हुआ वो छुपा ही रहा राज़ में
जो नहीं हो सका दास्तां हो गया

फ़र्ज़ मक़सद वफ़ा इश्क़ के नाम पर
ज़हर पीते गए आब-ए-जां हो गया

गुल न अपना न बुलबुल न अपना चमन
चार तिनके जहां आशियां हो गया

हाँ ज़मीं से उठा आसमां की तरफ
पहले शोला था और अब धुआं हो गया

जिसको अपना समझते थे अपना न था
अस्ल कुछ भी नहीं पर ज़ियां[2] हो गया

"ज़र्रा" ढूँढे चलो कोई सहरा नया
ये बयाबां भी अब गुलसितां हो गया

1. मकीनों = मकान के निवासी, 2. ज़ियां = घाटा

ग़ज़ल

राह अंजान है तो राह पे चल के देखें
आए मंज़िल तो कहीं दूर निकल के देखें

आगे दरिया हो तो लहरों को निगल के देखें
छू ले शबनम तो किसी बूँद में ढल के देखें

आबलों[1] का तो हमें आता है बस एक इलाज
जब तलक फूट नहीं जाते हैं चल के देखें

माना दुनिया में बहुत कुछ है बदलने के लिए
कुछ बदलना है अगर ख़ुद को बदल के देखें

महफिलों में बड़ी शिद्दत से हैं चमके जो चराग़
वो सर-ए-राह हवाओं में भी जल के देखें

कैसे चेहरे थे ये रंगीन नक़ाबों में छुपे
किनको आँखों में भरा आँख को मल के देखें

सच के आए नए 'फ़्लेवर' नए 'परफ़्यूम' 'कलर'
कुछ नया 'ट्राय' करें 'मूड' बदल के देखें

सिर्फ़ 'लेबिल' से ही सामान परखिए न हुज़ूर
बाद मतले[2] के सब अशआर ग़ज़ल के देखें

खो न जाएँ कहीं आप अपनी ही वुसअत[3] में जनाब
"ज़र्रा जी" कमरे से बाहर भी निकल के देखें

1. आबलों = छालों, 2. मतले = ग़ज़ल का पहला शे'र,
3. वुसअत = विस्तार

ग़ज़ल

अपनी परवाज़ को जब थाम लिया है हमने
आसमानों को तह-ए-दाम[1] लिया है हमने

जिस तबीअत से है ली साहिब-ए-महफ़िल से दाद
उससे बढ़-चढ़ के तो इल्ज़ाम लिया है हमने

ग़ैर तो ग़ैर उसे तू भी न पहचान सका
ऐसी शिद्दत से तेरा नाम लिया है हमने

आब-ओ-दाने का तो एहसान किसी और का है
आपके हाथ से कब जाम लिया है हमने

उसने भी ज़ुल्फ़ परेशान कहीं की होगी
जब किसी साये में आराम लिया है हमने

झूट ही थी तो सर-ए-आम उठा ली तोहमत
और ख़ल्वत[2] में फिर इकराम लिया है हमने

कुछ तो दुनिया की शिकायत भी बजा है "ज़र्रा"
वो सज़ा दे मगर इनआम लिया है हमने

1. तह-ए-दाम = जाल के नीचे, 2. ख़ल्वत = एकांत

ग़ज़ल

ज़िंदगी शर्त थी जो हार गए
काट के उम्र क़र्ज़ उतार गए

उस के कूचे उमीदवार गए
नाज़ से आए शर्मसार गए

मुस्कुराने का तो क़रार न था
वक़्त जो तय हुआ गुज़ार गए

दर पे खुशियाँ खड़ी रहीं पर हम
घर की दहलीज़ के न पार गए

क़स्र[1]-ए-शाही हमें हराता क्या
घर के सौदे की 'चिट' से हार गए

जब से मंज़िल को ताकना छोड़ा
रास्ते के बहुत से ख़ार गए

थी न दुनिया सँवरने के क़ाबिल
हम बस अपनी नज़र सँवार गए

रहनुमा तुम दिखा रहे जो मक़ाम
हम तो कब का हैं उसको पार गए

इसमें क्या-क्या हुआ ख़बर भी है
जिस गली से हो बार-बार गए

1. क़स्र = महल

कब वो मेरा था कब मैं उसका था
फिर भी दुख था जब इख़्तियार गए

वक़्त की बख़्शिशें समेटने में
मेरे दामन के सारे तार गए

बीच में बख़्त[2] पर हँसे लेकिन
गिरया-ज़ार[3] आए गिरया-ज़ार गए

मर्ग-ए-"ज़र्रा" को राज़ ही रखना
ग़म के मारों के ग़मगुसार गए

2. बख़्त = क़िस्मत, 3. गिरया-ज़ार = रोते हुए

ग़ज़ल

हालत न देखिए मेरा पिंदार[1] देखिए
दामन है तार-तार तो दस्तार देखिए

ख़ल्वत[2] में आ के पूछिए मत मुझसे मेरा हाल
मेरा तमाशा तो सर-ए-बाज़ार देखिए

जिन गेसुओं को ग़ैर पे खुलना है एक रोज़
उनको हमीं हैं कर रहे ख़मदार[3] देखिए

तामीर करके देख लिया हसरतों का शहर
अब करके इक दफ़ा इसे मिस्मार[4] देखिए

सूरत से और लहजे से अच्छे-बुरे हैं लोग
है किसके पास वक़्त के किरदार देखिए

या तो जला ही दीजिए सारे जहां को या
आँखों में पट्टी बांध के अख़बार देखिए

वो हो गया तबाह तबाही के क़ब्ल[5] ही
जिसने ये कह दिया था कि आसार देखिए

नाकाम गर हैं संग[6] तो फूलों को आज़माएं
"ज़र्रा" को टूटते हुए इस बार देखिए

1. पिंदार = गर्व, 2. ख़ल्वत = एकांत, 3. ख़मदार = घुमावदार,
4. मिस्मार = ध्वस्त, 5. क़ब्ल = पहले, 6. संग = पत्थर

ग़ज़ल

खोते-खोते कुछ तो पाया जा सकता है
खोने का एहसास भुलाया जा सकता है

गिरते को कुछ और गिराया जा सकता है
थाम के फिर एहसान जताया जा सकता है

कुछ बदनामी भी तो आएगी दामन में
क्या ऐसे ही नाम कमाया जा सकता है

अपने तो इक दिन बेगाने हो जाएंगे
बेगानों को पर अपनाया जा सकता है

उनकी ठंडी छाँव भुला देती है हमको
सर से बुज़ुर्गों का भी साया जा सकता है

प्यार-मोहब्बत बेमानी से लफ्ज़ हुए हैं
मानी बस ग़ज़लों में पाया जा सकता है

ग़म तो एक न इक दिन फूट पड़ेगा लब से
हसरत को ही दिल में दबाया जा सकता है

ज़ुल्म जिसे कहते हो रहमत सा वो लगेगा
ज़ुल्म अभी ऐसा भी ढाया जा सकता है

दुनिया को गाली देने का मन करता है
"ज़र्रा" पर नग़्मा भी गाया जा सकता है

ग़ज़ल

दिल के अरमां किसी से क्या कहते
सब थे बे-जां किसी से क्या कहते

ग़मगुसारों का था हुजूम मगर
तू न था वां किसी से क्या कहते

चश्म-ए-पुर-नम[1] ने राज़ खोल दिए
लब-ए-ख़ंदां[2] किसी से क्या कहते

घर की हालत बिगड़ते देखी पर
हम थे मेहमां किसी से क्या कहते

रो रहे थे नसीब-वाले सभी
कम-नसीबां किसी से क्या कहते

राहत-ए-जां जो तू ही ग़ाफ़िल[3] था
हालत-ए-जां किसी से क्या कहते

"ज़र्रा" अपने ही फ़हम[4]-ओ-फ़िक्र पे हम
ख़ुद थे हैरां किसी से क्या कहते

1. पुर-नम = भीगे, 2. ख़ंदां = मुस्कुराते,
3. ग़ाफ़िल = ध्यान न देने वाला, 4. फ़हम = समझ

ग़ज़ल

ये तयशुदा था कि मुझ को सज़ा तो होगी ही
मेरी नहीं हो किसी की ख़ता तो होगी ही

ये ज़िंदगी है इसे इस क़दर न प्यार करो
बहुत हसीन है ये बेवफ़ा तो होगी ही

कोई हबीब नहीं है तबीब[1] ले आओ
दुआ के जैसे असर की दवा तो होगी ही

फज़ा यहाँ भी मिली गर्द और ग़ुबार भरी
ये सोचते थे चमन में सबा तो होगी ही

है तार-तार कोई और दाग़दार कोई
कहीं पे मेरे लिए इक क़बा[2] तो होगी ही

ये फर्ज़ मान के करता हूँ जानता हूँ मगर
यहाँ हर एक फ़ुग़ां नारसा[3] तो होगी ही

है क़ाफ़िले की ज़रूरत सराब का दीदार
तू उसको दश्त कहेगा सज़ा तो होगी ही

इसी उमीद पे परवाज़ को गया हूँ मैं
बुलंदियां न सही पर ख़ला[4] तो होगी ही

रही है "ज़र्रा" कशाकश यही मरासिम[5] में
जहाँ वफ़ा है वहां कुछ अना[6] तो होगी ही

1. तबीब = चिकित्सक, 2. क़बा = वस्त्र, 3. नारसा = जो नहीं पहुंचे,
4. ख़ला = ख़ाली जगह, 5. मरासिम = रिश्तों, 6. अना = घमंड

ग़ज़ल

हम तो दाइम¹ सफ़र में रहते हैं
दर-ब-दर अपने घर में रहते हैं

जैसे जलते हुए मकां के मकीं²
यूं किसी की नज़र में रहते हैं

महर-ओ-माह³ आसमान में ढूँढे
और वो बाम-ओ-दर में रहते हैं

घर की दहलीज़ छोड़ते न बने
अश्क दीदा-ए-तर⁴ में रहते हैं

हमको उन पत्थरों से निस्बत है
जो तेरी रहगुज़र में रहते हैं

तेरी यादें अभी तलक न गईं
तुझसे मिलने के डर में रहते हैं

झूट तेरी बुलंदियां हैं फ़लक
आसमां बाल-ओ-पर में रहते हैं

घर की वीरानियां बढ़ीं "ज़र्रा"
आजकल हम जो घर में रहते हैं

1. दाइम = सदैव, 2. मकीनों = मकान के निवासी,
3. महर-ओ-माह = सूरज और चाँद, 4. दीदा-ए-तर = भीगी आंखें

ग़ज़ल

हर अधूरे दिन का है अंजाम जाम
है हमारे हाथ में हर शाम जाम

ये तो हम ही हैं जो प्यासे रह गए
कर रहा है वरना अपना काम जाम

एक-दो तो पूछ कर क़ीमत पिए
फिर पिए चाहे मिले जिस दाम जाम

राब्ता तुझसे नहीं ऐ दोस्त अब
भेजता तुझ को मगर पैग़ाम जाम

तेरे हाथों ख़ुद से लें हम इंतक़ाम
तेरे हाथों ख़ुद को दें आराम जाम

काट लेंगे हँस के रिंदी[1] की सज़ा
है सज़ा के बाद गर इनआम जाम

पूछ मत दुनिया में क्या-क्या लोग हैं
तूने बस देखे हैं मय-आशाम[2] जाम

आज कोई पीनेवाला है न साथ
चल तेरे ही साथ दो-दो जाम जाम

"ज़र्रा" तुझको अब मयस्सर कुछ नहीं
हाथ हैं ख़ाली तो ख़ाली थाम जाम

1. रिंदी = शराब पीना, 2. मय-आशाम = शराब पीने वाले

ग़ज़ल

चमन में हर तरफ़ नक़्श-ए-खिज़ां है
मगर गुंचों में फ़स्ल-ए-गुल[1] निहां[2] है

ये सच है हिज़्र अंजाम-ए-मोहब्बत
मोहब्बत पर न जाती राएगां[3] है

चलो इसको ख़ुशी का नाम दे दें
ख़ला[4] जो दो ग़मों के दरमियां है

क़फ़स ही है क़फ़स ही है क़फ़स ही
नशेमन[5] है शजर[6] है आसमां है

ये माना फट गये कुछ सफ़हे[7] लेकिन
बहुत लम्बी हमारी दास्तां है

ग़ुबार अपने ही क़दमों की है ये तो
रुका जिसमें हमारा कारवां है

सिखा वाइज़ किसी दिन और नफ़रत
अभी रिंदों को रहमत का गुमां है

मिला यूं ही न ये लहजा-ए-शीरीं[8]
ज़बां दिल के लहू से ख़ूं-चकां[9] है

1. फ़स्ल-ए-गुल = बहार का मौसम, 2. निहां = निहित, 3. राएगां = व्यर्थ,
4. ख़ला = ख़ाली जगह, 5. नशेमन = घोंसला, 6. शजर = पेड़,
7. सफ़हे = काग़ज़, 8. शीरीं = मधुर, 9. ख़ूं-चकां = ख़ून टपकता हुआ

उन्हें क़द्र-ए-वफ़ा है भी नहीं भी
वफ़ा का रोज़ होता इम्तिहां है

गए हैं "ज़र्रा" जन्नत से जहन्नुम
ये आख़िर कूचा-ए-जानां कहां है

ग़ज़ल

बस न जा पाए अपनी ख़ू[1] के परे
वरना क्या कुछ था आरज़ू के परे

है भले चाक-चाक[2] पैराहन[3]
चाक ऐसा नहीं रफ़ू के परे

मुझको करना है दूर अदावत[4] को
मुझको होना नहीं अदू[5] के परे

बस वो नाकाम हो गए वरना
हल मसाइल के थे लहू के परे

तुमने देखा गली-मोहल्ले में
ढूँढते क्या हो चार-सू[6] के परे

है नज़र के परे भी बीनाई[7]
है नज़ारा भी जिस्म-ओ-रू[8] के परे

दिल से कह दो ज़रा कुछ और चले
इक जहां भी है उस की कू के परे

जाम के बाद काम कहना था
बात निकली न हा-ओ-हू के परे

1. ख़ू = आदत, 2. चाक = टुकड़े, 3. पैराहन = वस्त्र,
4. अदावत = दुश्मनी, 5. अदू = दुश्मन, 6. सू = दिशा,
7. बीनाई = दृष्टि, 8. रू = चेहरा,

अस्ल मानी हैं उसमें पोशीदा[9]
जो ख़मोशी है गुफ़्तगू के परे

ज़िंदगी जुस्तजू ही है "ज़र्रा"
कुछ न रक्खा है जुस्तजू[10] के परे

9. पोशीदा = छुपे हुए, 10. जुस्तजू = तलाश

ग़ज़ल

हसरतों को कब क़रार आता सिला पाने के बाद
शमअ जलती ही रहा करती है परवाने के बाद

वो सियह गेसू वो ताबिंदा[1] जबीं वो सुर्ख़ लब
तेरे सब जल्वे अयां[2] होते मेरे जाने के बाद

हम न गर इसको कटाते तो कहाँ रखते इसे
क्या ठिकाना भी रहा सर का तेरे शाने के बाद

इससे अच्छा था गुज़रती शाम शाम-ए-हिज्र सी
शब को हम पर क्या नहीं गुज़री तेरे जाने के बाद

छोड़ कर मुझको सर-ए-रह यार मेरे चल दिए
कोई मयख़ाने के पहले कोई मयख़ाने के बाद

जाम तो देना सभी को है तुझे साक़ी मगर
किसको तू फुसला के देगा किसको तरसाने के बाद

आफ़तें कुछ और हों तो उनका भी दे दो पता
वरना जाएंगे कहाँ हद से गुज़र जाने के बाद

"ज़र्रा" इस आलम में हस्ती है तेरी मानिंद-ए-अब्र[3]
इक सियह धब्बा फ़लक पर है बरस जाने के बाद

1. ताबिंदा = चमकती, 2. अयां = ज़ाहिर,
3. मानिंद-ए-अब्र = बादल के जैसे

ग़ज़ल

आइना साफ़-साफ़ देखो तो
अक्स को करके माफ़ देखो तो

सब को अपने ख़िलाफ़ देखा है
खुद को अपने ख़िलाफ़ देखो तो

ज़िंदगी बर्फ़ है मलालों की
करके पहला शिगाफ़[1] देखो तो

सबसे ही मुत्तफ़िक़[2] रहे हो तुम
खुद से ये इख़्तिलाफ़[3] देखो तो

हसरतों की कहाँ कोई मंज़िल
है मुसलसल[4] तवाफ़[5] देखो तो

"ज़र्रा" तुमसे न जुर्म-ए-इश्क़ हुआ
करके अब एतराफ़[6] देखो तो

1. शिगाफ़ = दरार, 2. मुत्तफ़िक़ = सहमत, 3. इख़्तिलाफ़ = विरोध,
4. मुसलसल = लगातार, 5. तवाफ़ = चक्कर लगाना,
6. एतराफ़ = अपराध स्वीकारना

ग़ज़ल

नए फ़ैशन से सारा हो रहा है
वही सब कुछ दोबारा हो रहा है

तुम्हें क्या नफ़अ है इसके अलावा
कि औरों का खसारा[1] हो रहा है

सितम होता है क्या इसमें अजब है
अजब ये है गवारा हो रहा है

हटाओ रोज़ होता ये तमाशा
अरे ये तो हमारा हो रहा है

कोई साहिल पे याद आया किसी को
समंदर और खारा हो रहा है

वो करता जमअ सब आसाइशों[2] को
बेचारा बेसहारा हो रहा है

ये दुनिया हो गई पागल अचानक
या मुझको ही इशारा हो रहा है

गिला क्या बेहिसी[3] का करना "ज़र्रा"
अब इसमें ही गुज़ारा हो रहा है

1. खसारा = घाटा, 2. आसाइशों = सुविधाओं,
3. बेहिसी = बिना एहसास के

ग़ज़ल

हम ज़माने से रू-ब-रू भी हैं
पर नहीं उस के हू-ब-हू भी हैं

इक तरफ़ है ख़याल-ए-तर्क-ए-हयात[1]
इक तरफ़ महव-ए-आरज़ू भी हैं

सोने-चाँदी का पैराहन[2] भी है
चाक[3] दामन के बे-रफ़ू भी हैं

है तअल्लुक अजीब उसूलों से
आशना भी हैं और अदू भी हैं

हम तो उनके हुनर पे आशिक हैं
लोग कहते वो ख़ूब-रू भी हैं

इस नए शहर में नया सब कुछ
पर वही लोग कू-ब-कू[4] भी हैं

हम न दुनिया के हैं न अपनों के
घर में हैं क़ैद चार-सू[5] भी हैं

रंज-ओ-ग़म[6] हैं बहुत से पर "ज़र्रा"
कुछ ये पैमाना-ओ-सुबू[7] भी हैं

1. तर्क-ए-हयात = जीवन का त्याग, 2. पैराहन = वस्त्र,
3. चाक = टुकड़े, 4. कू-ब-कू = गली-गली, 5. सू = दिशा,
6. रंज-ओ-ग़म = शोक और दुख,7. पैमाना-ओ-सुबू = प्याला और सुराही

ग़ज़ल

माज़ी को खोलने पर, हैं कब जवाब निकले
निकले सवाल ही बस, और बेहिसाब निकले

जब आफ़ताब डूबे, तब माहताब निकले
ये अपनी रोज़-ओ-शब के, लुब्ब-ए-लुबाब[1] निकले

वो रू-ब-रू हुए हैं, हाँ बेहिजाब होकर
उन के नुक़ूश-ए-रुख़[2] ही, लेकिन नक़ाब निकले

कुछ वो भी बेवफ़ा था, कुछ हम भी ख़ुश-गुमां थे
कुछ वादे झूट निकले, कुछ वादे ख़्वाब निकले

हुजरे[3] में तो हमारे, दीपक भी है न कोई
पर ढूँढने पे शायद, इक आफ़ताब निकले

चौखट पे उसकी हमको, थोड़ी जगह थी पानी
सो घर से ख़ुद को करके, ख़ाना-ख़राब[4] निकले

जब दाम गिरते-गिरते, था मुफ़्त होने वाला
बाज़ार में उसी दम, हम दस्तयाब[5] निकले

सहरा की वहशतों से, दरिया में तिश्ना बैठे
ऐसी थी बद-गुमानी, ये भी सराब निकले

1. लुब्ब-ए-लुबाब = सार, 2. नुक़ूश-ए-रुख़ = चेहरे के फ़ीचर्ज़,
3. हुजरे = कोठरी, 4. ख़ाना-ख़राब = बर्बाद, 5. दस्तयाब = उपलब्ध

इस ज़िंदगी में हमको, ग़म यूं मिले कि जैसे
मख़्मूर[6] हो के लौटे, घर में शराब निकले

फिर भी न मुतमइन[7] हैं, क्यूँ ख़ानदान "ज़र्रा"
जब उसमें हैं फ़क़त इक, हम ही ख़राब निकले

6. मख़्मूर = नशे में धुत्त, 7. मुतमइन = संतुष्ट

ग़ज़ल

रास्ता ख़त्म यूं हुआ ही नहीं
जिस पे मंज़िल थी वो लिया ही नहीं

ग़म-ए-हस्ती की इन्तेहा ही नहीं
और सितम ये कि इब्तिदा ही नहीं

वो कहीं बेवफ़ा न हो जाए
वो किसी बात पर ख़फा ही नहीं

फ़ासले दरमियां ज़रूरी थे
पास इतना था वो दिखा ही नहीं

ये बहाना था कम-सुख़न[1] हूँ मैं
तो कोई हम-सुख़न[2] हुआ ही नहीं

शहर उजड़ा है तब समझ आया
कि ये था आज तक बसा ही नहीं

घर के सब लोग अब मिलें तो कहाँ
कुछ भी बाज़ार में खुला ही नहीं

अब तो कोविड की भी दवा है मगर
बेकसी की कोई दवा ही नहीं

1. कम-सुख़न = कम बात करने वाला,
2. हम-सुख़न = साथ में बात करने वाला

उनको कर के मुआफ़ जाना है
उनसे शिकवा तो कोई था ही नहीं

बेख़ुदी बेमज़ा हुई "ज़र्रा"
ख़ुद से जो बैर था रहा ही नहीं

तरही ग़ज़ल

ग़ालिब के मिसरे और ज़मीन पर कोशिश

अच्छी हुई है शायरी दौर-ए-ख़राब में
ऐसा है ये सवाब[1] जो मिलता अज़ाब[2] में

इस मुख़्तसर सी ज़ीस्त[3] में कितने हैं रंज-ओ-ग़म
बेहतर यही कि भूल हो इनके हिसाब में

ग़ैरों की दिल-फ़रेब थी सोहबत तमाम राह
अपनों से आश्ना हुए मक़्तल[4] के बाब[5] में

दाइम[6] रखा है आइना चेहरे के रू-ब-रू
तस्दीक़[7] के लिए कि छुपा है नक़ाब में

उसने किया है मुझसे कब इसरार जाम का
"साक़ी ने कुछ मिला न दिया हो शराब में" #

क़ासिद के हाथ भेज रहा हूँ मैं दो-दो ख़त
मुझको है शक वो कुछ न लिखेंगे जवाब में ^

ग़ालिब का मिसरा
^ ग़ालिब के शे'र पर आधारित

1. सवाब = पुण्यों का फल, 2. अज़ाब = पापों का दंड, 3. ज़ीस्त = ज़िंदगी, 4. मक़्तल = क़त्ल करने का स्थान, 5. बाब = दरवाज़ा, 6. दाइम = सदैव, 7. तस्दीक़ = पुष्टि

मालूम था फ़रेब मगर पास[8] भी रखा
सहरा की रेत नोश[9] करी है सराब में

तन्हाइयों का "ज़र्रा" ये आलम है इन दिनों
आते हैं रोज़-रोज़ हमीं अपने ख़्वाब में

8. पास = मान, 9. नोश = ग्रहण करना

ग़ज़ल

तिश्ना नज़रों को भला दें क्या नज़ारे तोड़ के
हमने देखें है फ़लक के चाँद तारे तोड़ के

एक तेरा ही सहारा ज़िंदगी में था अहम
हमने जाना ज़िंदगी के सब सहारे तोड़ के

वक़्त ये मेरे लिये और वक़्त वो उनके लिए
ज़िंदगी को टुकड़े-टुकड़े में गुज़ारे तोड़ के

हमसफ़र रख़्त[1]-ए-सफ़र में बँध के गुम से हो गये
फिर से मैं और तुम चलें मेरे-तुम्हारे तोड़ के

गर समंदर की ये लहरें ही मुक़द्दर हैं तो फिर
भर के ले आएंगे दामन में किनारे तोड़ के

तुमको उम्मीद-ए-वफ़ा है दुश्मनों से "ज़र्रा" अब
जब गए अहद-ए-वफ़ा को दोस्त सारे तोड़ के

1. रख़्त = सामान

ग़ज़ल

रास्ता ही देखते बस रह गए ग़मख़्वार का
जो भी आया पूछता क्या हाल है बाज़ार का

कर नहीं पाते किसी से खुल के हाल-ए-दिल बयां
फ़िक्र है अपनी तो लेकिन ज़िक्र कारोबार का

अस्पताल आए जो मिलने उनकी महफ़िल सज गई
कहकहों में कब न जाने निकला दम बीमार का

ऐसे गुलचीनों के हाथों है चमन की बागडोर
गुल के बारे में जो कहते झाड़ है ये ख़ार का

सच है दुनिया के लिये हमने किया कुछ भी नहीं
बोझ घर का ही उठाना बार[1] था संसार का

लड़ते-लड़ते दोस्त दोनों इक मिनट को रुक गये
याद करने के लिए क्या था सबब तकरार का

कोई कुछ तो ले के आया है दवा है ज़हर है
"ज़र्रा" शायद अब मुदावा[2] हो सके नाचार का

1. बार = भार, 2. मुदावा = उपचार

ग़ज़ल

ज़ुल्फ़-ए-सियह की बात कि दस्त-ए-हिना की बात
जो बात दर्द की है वही है दवा की बात

ऐसे थे वो और ऐसे कभी उनके थे करम
दौर-ए-जफ़ा में आम है महर-ओ-वफ़ा की बात

ठुकरा चुका हूँ हुस्न-ए-दो-आलम मैं बारहा
करना न मेरे आगे पर उस शोख़-अदा की बात

जीने की चाह कम थी ये माना मरीज़ में
निकली तबीब[1] के भी न लब से दवा की बात

सहरा में मुझसे मिलने वो आए हैं दोपहर
करने को अपने बाग़ की बाद-ए-सबा[2] की बात

ये माना तीरगी[3] है निगाहों के हर तरफ़
पर कान-ओ-कान फैल रही है ज़िया[4] की बात

मक़्तल[5] में कुश्त-ओ-ख़ूं[6] की न "ज़र्रा" करूँ अगर
तो क्या इधर-उधर की और आब-ओ-हवा की बात

1. तबीब = चिकित्सक, 2. बाद-ए-सबा = शीतल हवा,
3. तीरगी = अंधेरा, 4. ज़िया = किरण,
5. मक़्तल = क़त्ल करने का स्थान, 6. कुश्त-ओ-ख़ूं = मार-काट

ग़ज़ल

हर एक गाम[1] पे काँटे बिछा रहा है कोई
हर आबले[2] को मेरे गुल बना रहा है कोई

जब आँख हार अँधेरे से मानने को हुई
उस एक पल में ही दीपक जला रहा है कोई

ख़ुशी-ख़ुशी मैं चला जा रहा पस-ए-ज़िंदां[3]
चलो कहीं से तो मुझको बुला रहा है कोई

था मय का वादा मगर ज़हर भी है हो सकता
कि जाम कितनी नज़ाकत से ला रहा है कोई

उठा रहा है वो पलकें कि देखना है असर
जब अपने काँधे पे ज़ुल्फ़ें गिरा रहा है कोई

तमाम रात का जागा भी सुब्ह कैसे उठे
एक-एक ख़्वाब को दफ़ना के आ रहा है कोई

ग़ज़ल में जो नहीं बैठा सो कट गया वो शे'र
कि बहर-ओ-क़ाफ़िया[4] शायर निभा रहा है कोई

नहीं है मोल जहां को सुख़न का "ज़र्रा" तेरे
पर इस अमल[5] में जहां को भुला रहा है कोई

1. गाम = क़दम, 2. आबले = छाले, 3. पस-ए-ज़िंदां = जेल के पीछे,
4. बहर-ओ-क़ाफ़िया = मीटर और तुकबंदी, 5. अमल = कार्य

ग़ज़ल

हर इक आरज़ू से रिहा चाहता हूँ
बस इक आरज़ू की बक़ा[1] चाहता हूँ

तेरी इक झलक जैसे इक जाम साक़ी
तेरे हुस्न का मयक़दा चाहता हूँ

मुझे देखनी है तेरे लब पे शबनम
कि ज़ुल्फ़ों में बाद-ए-सबा[2] चाहता हूँ

चुराना नहीं है मुक़द्दर से तुझको
मैं ख़ुद को तुझे सौंपना चाहता हूँ

तलाश-ए-हक़ीक़त की सहरा-नवर्दी[3]
सराबों को सच मानना चाहता हूँ

किया मैंने कब दावा-ए-बेगुनाही
मुझे बख़्श दो मैं सज़ा चाहता हूँ

मिले ज़ीस्त[4] फिर तो सज़ा फिर सहूंगा
पर इस बार करना ख़ता चाहता हूँ

दिखा दूँ बग़ावत के तेवर पुराने
सितम कोई "ज़र्रा" नया चाहता हूँ

1. बक़ा = स्थायित्व, 2. बाद-ए-सबा = शीतल हवा,
3. सहरा-नवर्दी = रेगिस्तान में भटकना, 4. ज़ीस्त = ज़िंदगी

ग़ज़ल

ख़ुशी का साज़-ओ-सामां है न कम कुछ
मगर तेरा भी है फिर एक ग़म कुछ

बढ़े ही जा रहे उनके सितम कुछ
उठाना भूल बैठे सर भी हम कुछ

किया रुसवा मुझे एहसान तेरा
सबक थे सीखने मुझको अहम कुछ

चले ही जा रहे राह-ए-जुनूं पर
खुले भी जा रहा लेकिन भरम कुछ

दुकानें खोल लीं लोगों ने कितनी
मिले उनको जहाँ दैर-ओ-हरम कुछ

मिली है काट कर ये कोह[1] सा दिन
जमाल-ए-मय नहीं शीरीं से कम कुछ

मेरी मानो तो वो रस्ता बदलना
मिलें "ज़र्रा" के जो नक़्श-ए-क़दम कुछ

1. कोह = पहाड़

ग़ज़ल

हम उल्फ़त में हैं क्या को क्या कहने वाले
तेरी हर ख़ता को अदा कहने वाले

तराना-ए-मेहर-ओ-वफ़ा गा रहे हम
वो रूदाद[1]-ए-जौर[2]-ओ-जफ़ा कहने वाले

तकल्लुफ़ से मिलने से अच्छा मिलो मत
कभी थे मुझे आशना कहने वाले

कहे जा रहा तू सुने जा रहा मैं
जो दिल में है अब तो बता कहने वाले

मज़म्मत[3] नहीं वो नसीहत थी तुझको
मेरे मश्वरे को अना कहने वाले

उठे अब न कानों से बार-ए-सताइश[4]
ज़ुबां को भी मत आज़मा कहने वाले

चले जाएंगे ये तवज्जो न देना
चले आते हैं बारहा कहने वाले

अभी संग[5] फूलों में बदले नहीं हैं
ज़रा जाम दूजा उठा कहने वाले

न तहसीं[6] से खुश तू न तोहमत से नाशाद
कहें "ज़र्रा" तुझको भी क्या कहने वाले

1. रूदाद = विवरण, 2. जौर = अत्याचार, 3. मज़म्मत = निंदा,
4. बार-ए-सताइश = प्रशंसा का भार, 5. संग = पत्थर, 6. तहसीं = सराहना

ग़ज़ल

माथे अब पुर-शिकन सभी के हैं
बे-ज़ुबां पर दहन[1] सभी के हैं

मत हो इन पर ख़फ़ा कि उठते नहीं
सर पे क्या-क्या वज़न सभी के हैं

जब बहारों में बस ये तेरे थे
क्यूँ खिज़ां में चमन सभी के हैं

अपने-अपने सभी के दश्त-ए-जुनूं
अपने बाग़-ए-अदन[2] सभी के हैं

हैं ये सुख-दुख ही संग-ए-कस्र-ए-हयात[3]
ये ही दार-ओ-रसन सभी के हैं

पर्दा-ए-दाग़-ए-ज़िंदगी क्या और
उजले-उजले क़फ़न सभी के हैं

आई उसको ही मेरी आह से ख़राश
वरना नाज़ुक़ बदन सभी के हैं

दाद रुसवाई की है ये "ज़र्रा"
तुझसे बेहतर सुख़न[4] सभी के हैं

1. दहन = मुँह, 2. बाग़-ए-अदन = ईडिन गार्डिन,
3. संग-ए-कस्र-ए-हयात = जीवन के महल के पत्थर,
4. सुख़न = काव्य

ग़ज़ल

हसरतों का कोई मक़ाम हुआ
कब किसी का सफ़र तमाम हुआ

ज़िंदगी का तो एहतिमाम[1] हुआ
पर न जीने का इंतिज़ाम हुआ

तेरे होंटों पे ज़िक्र-ए-ग़ैर आया
जब भी साँसों में मेरा नाम हुआ

घर तो सबके लिए खुला था मेरा
दर्द-ओ-ग़म का ही पर क़याम हुआ

लोग शक की निगाह से देखें
जब ख़ामोशी से नेक काम हुआ

रश्क मत कर तेरी ही बात करी
मुझसे जब-जब वो हम-कलाम हुआ

हमसफ़र था न जब कोई मक़सद
इक सफ़र सा हर एक गाम हुआ

"ज़र्रा" रुसवा[2] रहा है महफ़िल में
पर यूं उट्ठा कि एहतिराम[3] हुआ

1. एहतिमाम = आयोजन, 2. रुसवा = अपमानित, 3. एहतिराम = सम्मान

तरही ग़ज़ल

ग़ालिब के मिसरे और ज़मीन पर कोशिश

क्या इश्क़ अब तो बैर के क़ाबिल नहीं रहा
मुश्ताक़[1] मेरा दिल तेरा माइल[2] नहीं रहा

वो ही है लख़्त-लख़्त पे कामिल नहीं रहा
"जिस दिल पे नाज़ था मुझे वो दिल नहीं रहा" #

ऐसा नहीं कि हो गया बेज़ार-ए-शौक़-ए-मय
साक़ी की इल्तिजाओं में शामिल नहीं रहा

मंज़िल वही है जादा[3]-ए-मंज़िल भी है वही
लेकिन मुसाफ़िर आशिक़-ए-मंज़िल नहीं रहा

बुझता हुआ चराग़ कहे ख़ाली जाम से
अफ़सोस अब वो आलम-ए-महफ़िल नहीं रहा

अब इंतिज़ाम-ए-मौत किया चारागर के हाथ
देते थे जिसपे जान वो क़ातिल नहीं रहा

सौग़ात दें तो क्या उसे रुख़सत के वक़्त हम
पास अपने वो ही था वो ही हासिल नहीं रहा

ग़ालिब का मिसरा

1. मुश्ताक़ = तत्पर, 2. माइल = झुकाव रखने वाला, 3. जादा = रास्ता

कुछ ये कि आने लग गया मौजों में अब मज़ा
कुछ ये कि अब वो पहले सा साहिल नहीं रहा

रोएगा मौत पर मेरी क़ातिल भी ज़ार-ज़ार[4]
एहसानमंद यूं कोई बिस्मिल नहीं रहा

"ज़र्रा" है अच्छा वो मुझे बेदिल समझ रहे
जो उनको नज़्र[5] कर सकूं वो दिल नहीं रहा

4. ज़ार-ज़ार = फूट-फूटकर, 5. नज़्र = तोहफ़े में देना

ग़ज़ल

आशियाने से परिंदे जो फ़लक पर आ गए
घर को अपने छोड़ के हम भी सड़क पर आ गए

मुद्दतों के बाद घर में आज आई थी ख़ुशी
आज भी आँसू मगर माँ की पलक पर आ गए

आसमां की ओर दो मासूम आँखें जो उठीं
रंग जाने फिर नए कितने धनक[1] पर आ गए

हमको सोने की न क़ीमत थी पता नय शौक़ था
थे सर-ए-बाज़ार तो उसकी चमक पर आ गए

तुमको पानी है बुलंदी तुम भी उड़ना सीखना लो
खींचते क्या उनको नीचे जो फ़लक पर आ गए

था यक़ीं रिंदों को मयख़ाने में आ जाएंगे आप
"ज़र्रा जी" बस आप ही करते थे शक पर आ गए

1. धनक = इंद्रधनुष

ग़ज़ल

सफ़र में रोज़ मेरा नाम वो पुकार गई
जो मेरे शहर की जानिब को रहगुज़ार गई

बहुत से ऐब थे मुझमें जो मार सकते थे
मगर मुझे मेरी अच्छाई पहले मार गई

रहा बस एक सा मौसम पस[1]-ए-दर-ओ-दीवार
बहार कर के दरीचों पे इंतज़ार गई

फिर उसको याद किया फिर भुला दिया है उसे
वो ज़िंदगी से मेरी जाने कितने बार गई

बना उमीद को डोली दुआ के भेजे कहार
ख़ुशी जो घर में न आई तो किसके द्वार गई

कुछ ऐसे महव हुए दाद लेने-देने में
ख़याल से कई अशआर की निगार[2] गई

था रास्तों में भी घर का ही सूनापन "ज़र्रा"
मुझे तो मेरी ही आवारगी सुधार गई

1. पस = पीछे, 2. निगार = आकृति

ग़ज़ल

आज दिल को जला गया कोई
प्यार से मुस्कुरा गया कोई

राज़-ए-गिरया[1] भी किस तरह छुपता
आँखों-आँखों में पा गया कोई

मैंने अपना कुसूर जब पूछा
मुझसे नज़रें चुरा गया कोई

ज़ख़्म सीने में गढ़ गया ऐसे
जैसे दिल में समा गया कोई

इन्तिहा क्यूँ न बेख़ुदी की हो
मुझको अपना बना गया कोई

उसकी बातों से ये गुमां होता
लब को लब से मिला गया कोई

देख बूँदों के बर्ग[2] पर बोसे[3]
याद सावन में आ गया कोई

हमने ओढ़ी बरहनगी[4] जो दाग़
पैराहन[5] में लगा गया कोई

1. गिरया = रोना, 2. बर्ग = पत्ता, 3. बोसे = चुम्बन,
4. बरहनगी = नग्नता, 5. पैराहन = वस्त्र

वक़्त-ए-रुख़्सत वो ज़ोर से हँसना
जैसे आँसू बहा गया कोई

नीद आए न रात भर “ज़र्रा”
ख़्वाब ऐसा दिखा गया कोई

ग़ज़ल

अपने लब से तो कोई बात बताते भी नहीं
और गुज़रे हुए पल लौट के आते भी नहीं

ग़मज़दा और करे घर की सजावट हमको
तुम को आना जो न था घर को सजाते भी नहीं

मैं तो हक़दार नहीं था तेरी बरकत का असर
महर-ओ-माह[1] बाम पे वरना उतर आते भी नहीं

ज़ख्म कुछ तुमने दिए ज़ख्म हैं कुछ हमने दिए
पर शिकायत ये कि मरहम हो लगाते भी नहीं

आख़िरश सूद-ओ-ज़ियां[2] का तो हिसाब आएगा
और मरासिम के सही से बही-खाते भी नहीं

आग में कूद पड़ें इसकी जसारत[3] भी नहीं
आग जो दिल में लगी है वो बुझाते भी नहीं

बोझ बनते गए सर पर सभी ऐश-ओ-आराम
वरना सर पर कोई एहसान उठाते भी नहीं

ज़िंदा रहने का ज़माने में हुनर है "ज़र्रा"
हर किसी को हैं हुनर अपना दिखाते भी नहीं

1. महर-ओ-माह = सूरज और चांद,
2. सूद-ओ-ज़ियां = फ़ायदा और नुक़्सान,
3. जसारत = वीरता

ग़ज़ल

अहल[1]-ए-महफ़िल तो क़द्रदां होंगे
अपने कमज़ोर ही बयां होंगे

माना इस दौर से निहां[2] होंगे
तह-ब-तह[3] जुज़-ब-जुज़[4] अयां होंगे

अपनी ख़ामोशी ही ज़ुबां होगी
ख़ुद कहेंगे तो बद-ज़ुबां होंगे

हम को सोए ज़मीं पे रहने दो
हम उठेंगे तो आसमां होंगे

जगमगाने का शौक़ जाता रहा
अब बुझा दो कि अब धुआँ होंगे

ज़िक्र ख़ुशबू का हर तरफ़ होगा
फूल बेनाम-ओ-बेनिशां होंगे

सुब्ह उठना सँभल के बिस्तर से
ख़्वाब बिखरे यहाँ-वहाँ होंगे

अब मिलें भी तो क्या मिलें हम-तुम
अब कई लोग दरमियां होंगे

शहर-ए-महबूब छोड़ कर "ज़र्रा"
घर लिया भी तो लामकां होंगे

1. अहल = लोग, 2. निहां = लुप्त, 3. तह-ब-तह = तहों-तहों में,
4. जुज़-ब-जुज़ = टुकड़ों-टुकड़ों में

ग़ज़ल

पस[1]-ए-अल्फ़ाज़ इशारात हैं कुछ और हुए
गुफ़्तगू है वही हालात हैं कुछ और हुए

राज़दारों की तलब उम्र के साथ और हुई
उम्र के साथ ही मोहतात हैं कुछ और हुए

बेअसर चाहे रहा मेरा हुनर अपनों पर
दुश्मनों पे मगर असरात हैं कुछ और हुए

ग़म वो ऐसा था कि सब उसके सिवा ठीक लगा
वरना उससे बुरे सदमात हैं कुछ और हुए

एक आइना अभी टूटा नहीं था अंदर
उसमें देखा तो नज़रियात हैं कुछ और हुए

हम को पच्चीस में सारे थे जवाबात पता
बीस सालों में सवालात हैं कुछ और हुए

जब भी अशआर पढ़ूँ फिर से मआनी खोजूँ
उनके तामीरी[2] ख़यालात हैं कुछ और हुए

एक बस तू ही कि जो ख़ाक-नशीं है "ज़र्रा"
वरना तो सारे ही ज़र्रात हैं कुछ और हुए

1. पस = पीछे, 2. तामीरी = जिस से निर्मित हो

ग़ज़ल

आदमी आदमी से बात करे
काम अपना ग़म-ए-हयात[1] करे

अहल[2]-ए-दुनिया से उठ रहा है यक़ीं
वो दग़ा मुझसे मेरी ज़ात[3] करे

नूर जिसने अता किया है मुझे
वो सुपुर्द-ए-सियाह-रात[4] करे

कब बुरों को बुराई ने रोका
बस भलों की भलाई मात करे

दुख है क्या क़र्ज़-ए-ज़िंदगी का सूद
रोज़-ओ-शब जो अदा हयात करे

मत क़फ़स से रिहाई दो मुझको
कोई इस को ही काएनात करे

पास-ए-हक़ है तो क्या तअस्सुब[5] से
क़त्अ[6] तू ने तअल्लुक़ात करे

1. हयात = जीवन, 2. अहल = लोग, 3. ज़ात = हस्ती,
4. सुपुर्द-ए-सियाह-रात = काली रात को सौंपना,
5. तअस्सुब = भेद-भाव, 6. क़त्अ = काटना

कुछ अक़ीदत[7] है कुछ है बेज़ारी
अब फ़लक कुछ भी मेरे साथ करे

"ज़र्रा" क्या हुस्न-ओ-इश्क़ का है गुनाह
तू जो बस दर्द-ओ-ग़म की बात करे

7. अक़ीदत = श्रद्धा

ग़ज़ल

हाल अपना जो बड़ी देर सुनाते ही रहे
कितने ग़म थे जो सभी उनसे छुपाते ही रहे

हम उन्हें अपनी वफ़ा याद दिलाते ही रहे
ग़ैर का ज़िक्र वो हर बात पे लाते ही रहे

वो नज़र फेरते हम देखें इधर और उधर
कुछ तो है जिसके न होने को जताते ही रहे

हमको फ़ुर्सत न मिली ख़्वाब सजाने की कभी
हम तो घर के दर-ओ-दीवार सजाते ही रहे

बज़्म मक़्तल[1] में सजेगी ये किसे है परवाह
तेरे दीवाने तेरे नाम पे आते ही रहे

उनसे उम्मीद न थी ज़ख्म पे मरहम की हमें
पर नमक साथ लिए चारागर आते ही रहे

बदगुमानी परेशानी पशेमानी बेहिसी[2]
"ज़र्रा" ग़ुरबत में भी तुम ख़ूब कमाते ही रहे

1. मक़्तल = क़त्ल करने का स्थान, 2. बेहिसी = एहसास न होना

ग़ज़ल

फूल था या कि ख़ार था क्या था
किस में मेरा शुमार था क्या था

दश्त था आबशार[1] था क्या था
जाने क्या उस के पार था क्या था

क्या वो हाजत[2] थी या कि निस्बत[3] थी
वो अदब था कि प्यार था क्या था

मेहरबां सी हुई नज़र तेरी
या मुझे ही ख़ुमार था क्या था

ये सिला एहतिमाम[4] का मेरे
या तेरा एतिबार था क्या था

तुझमें मुझमें दरार है क्या है
तुझमें मुझमें क़रार था क्या था

दुश्मनों का न "ज़र्रा" था दुश्मन
और न यारों का यार था क्या था

1. आबशार = झरना, 2. हाजत = आवश्यकता,
3. निस्बत = लगाव, 4. एहतिमाम = आयोजन

तरही ग़ज़ल

दाग़ देहलवी के मिसरे और ज़मीन पर कोशिश

यूं न रस्मन भला-भला कहिए
"कहिए कहिए मुझे बुरा कहिए" #

कितना मर-मर के इसको पाया है
आब-ओ-दाने को ख़ूं-बहा[1] कहिए

बस हलावत[2] ज़बान में हो तो
बात कितनी ही बद-मज़ा कहिए

न समझिए जुनूं को मंज़िल-ए-इश्क़
इसे बस एक मरहला[3] कहिए

अच्छे-अच्छे तबाह होते हैं
इसमें क़िस्मत को क्यूँ बुरा कहिए

झूटे इलज़ाम सुन नहीं सकता
आप तो बस मेरी सज़ा कहिए

न रहा जाए और न छोड़ा जाए
ये जहां है अजीब क्या कहिए

दाग़ देहलवी का मिसरा

1. ख़ूं-बहा = क़त्ल की क़ीमत, 2. हलावत = मिठास,
3. मरहला = सफ़र का पड़ाव

जो हंसीं इत्तिफ़ाक़ बन न सका
अपने मिलने को हादिसा कहिए

जानिए मानी-ए-वफ़ा पहले
जब ही "ज़र्रा" को बेवफ़ा कहिए

ग़ज़ल

किस-किस अज़ाब[1] से कहो गुज़रा नहीं हूँ मैं
अब तक तेरी पनाह में आया नहीं हूँ मैं

अपनी जुबां से क्या कहूँ क्या-क्या नहीं हूँ मैं
तुझ को न हो ख़बर तो कहीं का नहीं हूँ मैं

चलता हूँ ले के रख़्त[2]-ए-सफ़र टूटे वायदे
मंज़िल पे इस लिए कभी पहुंचा नहीं हूँ मैं

आईना देख लेता जब आतीं उबाल पर
ऐसा नहीं कि नफ़रतें रखता नहीं हूँ मैं

अम्बर है तेरी ज़ुल्फ़ तो महताब रुख़ तेरा
जाने न कितनी रात से सोया नहीं हूँ मैं

ख़ामोशियां थीं बाइस[3]-ए-तर्क[4]-ए-वफ़ा मगर
शिकवे भी हों न होंट पे ऐसा नहीं हूँ मैं

ठुकरा दिया वो जाम तरस खा के जो दिया
और वो समझ रहे हैं कि तिश्ना नहीं हूँ मैं

"ज़र्रा" ग़ुरूर-ओ-ज़िद हैं तमाशाई बन खड़े
कहते थे किस गुमां से तमाशा नहीं हूँ मैं

1. अज़ाब = यातना, 2. रख़्त = सामान,
3. बाइस = वजह, 4. तर्क = छोड़ना

ग़ज़ल

जब भी वो बिजलियाँ गिराते हैं
अपनी क़िस्मत हम आज़माते हैं

फड़फड़ाती है हसरत-ए-परवाज़
तीर जब-जब कमां पे आते हैं

जब उड़ाती है गेसुओं को हवा
गुल नई ख़ुशबुओं को पाते हैं

थम गये रिंद देख मस्त ख़िराम[1]
पैर वाइज़ के लड़खड़ाते हैं

तय था नासेह का बिगड़ना भी
वो बुरों को भला बनाते हैं

जिनको बर्बाद कर दिया वो भी
उनको देकर दुआ ही जाते हैं

यूं ही बेसाख़्ता ये नाज नहीं
हर अदा हम पे आज़माते हैं

हमपे क्यूँ मेहरबां ख़ुदारा[2] वो
हम उन्हें आइना दिखाते हैं

1. ख़िराम = चाल, 2. ख़ुदारा = जो ख़ुद को निहारे

मजमा उश्शाक[3] का लगा पाएँ
जो भी ख़लवत[4] में मिलने जाते हैं

जब भी मांगे असीर[5]-ए-ज़ुल्फ़ इंसाफ़
हाथ बस पेंच-ओ-ख़म ही आते हैं

बेदिली दिल का बोझ है "ज़र्रा"
तो न क्यूँ बार[6]-ए-इश्क़ उठाते हैं

3. उश्शाक = प्रेमियों, 4. ख़लवत = एकांत,
5. असीर = क़ैदी, 6. बार = भार

ग़ज़ल

किससे चारे की करें उम्मीद हम नाचार लोग
आओ बन जाएँ मसीहा अब हमीं बीमार लोग

ज़ीस्त[1] के सूद-ओ-ज़ियां[2] पर हो रही गुफ़्त-ओ-शुनीद[3]
किस तरह मेरे जनाज़े को करें बाज़ार लोग

इससे अच्छा था सितमगर को ही कर देते मुआफ़
जान ही लेकर के छोड़ेंगे मेरी ग़मख़्वार लोग

काश तूफान-ओ-हवादिस ग़र्क़[4] कर डालें मुझे
मेरी आमद के लिए उस पार हैं तैयार लोग

है नज़र मेरी न नीची सर न मेरा है झुका
हैं मेरी रुसवाइयों पर ख़ंदाज़न[5] बेकार लोग

दर-ब-दर भटका हूँ "ज़र्रा" जिनसे पाने को नजात
कू-ब-कू[6] वो ही हुए हैं रू-ब-रू हर बार लोग

1. ज़ीस्त = ज़िंदगी, 2. सूद-ओ-ज़ियां = फ़ायदा और नुक़सान,
3. गुफ़्त-ओ-शुनीद = कहना और सुनना, 4. ग़र्क़ = डुबोना,
5. ख़ंदाज़न = हंसी उड़ाते हुए, 6. कू-ब-कू = गली-गली

ग़ज़ल

लाज़मी है गुनाह होता नहीं
अब यहाँ पर निबाह होता नहीं

हम ख़यालों में जुर्म करते हैं
सोचते हैं गवाह होता नहीं

पूछ कहते वो किस ग़रज़ से तुझे
आदमी महर-ओ-माह[1] होता नहीं

हाजतें[2] सरकशी[3] से नादिम[4] हैं
वरना मैं उज़्र-ख़्वाह[5] होता नहीं

इश्क़ वो भी है कोई इश्क़ भला
जिसमें सब कुछ तबाह होता नहीं

दोस्त आएँ हैं क़त्ल करने को
जीने का अब गुनाह होता नहीं

ऐश है ऐब है जुनून नहीं
वो अगर बे-पनाह होता नहीं

थे मुख़ालिफ़ भी काइल-ए-"ज़र्रा"
काश वो कज-कुलाह[6] होता नहीं

1. महर-ओ-माह = सूरज और चांद, 2. हाजतें = आवश्यकताएँ,
3. सरकशी = विद्रोह, 4. नादिम = शर्मिंदा, 5. उज़्र-ख़्वाह = क्षमा प्रार्थी
6. कज-कुलाह = अकड़ से टेढ़ी टोपी पहनने वाला

ग़ज़ल

कितने अजीब ढंग से, अब के शराब पी गई
पीने की भी तलब न थी, पी के न तिश्नगी गई

सीले हैं बेहिसी[1] में यूं, जज़्बों के ज़ाइक़े कि अब
गुस्से से तल्ख़ियां गईं, लहजे से चाशनी गई

जलवे से हो के रू-ब-रू, और भी ग़मज़दा हुए
बाब-ए-क़फ़स[2] पे फ़स्ल-ए-गुल[3], चेहरा दिखा चली गई

होश-ओ-ख़िरद के वास्ते, छोड़ी अबस ही मयकशी
कुछ भी हुई न आगही, जब से है बेख़ुदी गई

फिर से मिले हैं आख़िरश, पर वो ख़लिश न कश्मकश
तुझमें रहीं न शोख़ियां, या मेरी सादगी गई

मेरे कलाम की मुझे, दाद मिली कुछ इस तरह
मेरी सदा[4] सुनी गई, मेरी ज़ुबां सिली गई

"ज़र्रा" समझ ये आ गया, करने पे सर्फ़[5] ज़िंदगी
मक़सद-ए-ज़िंदगी न था, जिसमें है ज़िंदगी गई

1. बेहिसी = एहसास न होना, 2. बाब-ए-क़फ़स = पिंजरे का द्वार,
3. फ़स्ल-ए-गुल = बहार का मौसम, 4. सदा = आवाज़, 5. सर्फ़ = व्यय

ग़ज़ल

आजकल कुछ ख़फ़ा-ख़फ़ा रहता
इसलिए तुमसे हूँ जुदा रहता

बात करता हूँ दिल-ही-दिल तुमसे
बोलने को न कुछ बचा रहता

हर तमन्ना मुझे है ढूँढ रही
और मैं हूँ कहीं छुपा रहता

ख्वाहिशें जब करें जवाब तलब
सर झुकाकर के चुप खड़ा रहता

बिक गए हों ज़ुबान-ओ-गोश[1] मेरे
पर इन आँखों से देखता रहता

शमअ-ए-बज़्म बन भी जाता अगर
महफ़िलों में बुझा-बुझा रहता

काश लगता न शायरी से दिल
सारी दुनिया से दिल लगा रहता

वाह क्या जाम है दिल-ए-"ज़र्रा"
टूट कर भी भरा-भरा रहता

1. गोश = कान

ग़ज़ल

रास्ते हमवार[1] करते ही गए
मंज़िलें मिस्मार[2] करते ही गए

घर को वीराना बना डाला मगर
दश्त को गुलज़ार करते ही गए

सहन[3]-ए-दिल खोला रफ़ीक़ों[4] के लिए
वो इसे बाज़ार करते ही गए

हमने भी दस्तक न दी और आप भी
दर को हैं दीवार करते ही गए

नूर के आगे किया आँखों को बंद
और फिर दीदार करते ही गए

सबसे पोशीदा[5] रखा अपना हुनर
बस इसे तैयार करते ही गए

दर्द रखने का न हममें ज़र्फ़ था
दर्द को अशआर करते ही गए

दाद देने पर वो आमादा थे और
"ज़र्रा" हम इंकार करते ही गए

1. हमवार = सपाट, 2. मिस्मार = ध्वस्त, 3. सहन = आँगन,
4. रफ़ीक़ों = दोस्तों, 5. पोशीदा = छिपाया हुआ

ग़ज़ल

मुझको छुपा ले कोई, रानाइयों[1] में अपनी
मैं खो कहीं न जाऊँ, इन वुसअतों[2] में अपनी

जो आज शख़्सियत है, मजबूरियों में अपनी
इक दौर था कि गिनती, थी सरकशों[3] में अपनी

कब जावेदां[4] रहे हैं, मौसम मोहब्बतों के
तुमने ज़माने बदले, दो करवटों में अपनी

क़ीमत चुकाई तुमने, माना क़दम-क़दम पे
नुक़्सान पर न देखो, अच्छाइयों में अपनी

हर रोज़ होता मातम, चारगरों में अपना
हर शाम बात चलती, बादाकशों में अपनी

हस्ती थी तिनके जैसी, वो ही बनी सहारा
वरना मैं डूब जाता, गहराइयों में अपनी

तन्हाइयों में "ज़र्रा", अशआर को बुलाते
क्या चैन ढूँढते हो, बेचैनियों में अपनी

1. रानाइयों = सुंदरता, 2. वुसअतों = विस्तार,
3. सरकशों = विद्रोहियों, 4. जावेदां = जो हमेशा रहे

ग़ज़ल

किसके रोके से है रुका पानी
बह न पाया तो उड़ गया पानी

बंद मुट्ठी से रिस गया पानी
हाथ फैलाए तो भरा पानी

कितने भूकों की है ग़िज़ा[1] पानी
कितने बीमारों की दवा पानी

वो कहें क्या लहू हुआ पानी
कब भला इस क़दर बहा पानी

कश्तियां पार दीं काग़ज़ की
और सफ़ीने[2] डुबो गया पानी

जब ये साज़िश बना सियासत की
शर्म से पानी-पानी था पानी

कोई आब-ए-हयात[3] हो तो हो
नल से आता मरीज़-सा पानी

लज़्ज़त-ओ-लुत्फ़ तिश्ना-लब से पूछ
ये जो बेज़ौक़ बेमज़ा पानी

1. ग़िज़ा = आहार, 2. सफ़ीने = जहाज़ों, 3. आब-ए-हयात = अमृतजल

धुल गये दाग़ बुझ गये शोले
ख़ुश्क आँखों से जब बहा पानी

अपने अंदर की तुम फ़िज़ा बदलो
बस बदलते रहे हवा-पानी

बिजलियाँ बाम से गिरीं जातीं
गेसुओं से बरस रहा पानी

कतरे को है गुमान गौहर[4] का
गीले तन से न सूखता पानी

आज सागर में ज़हर डाला है
साक़िया आज मत मिला पानी

याद आए ब-वक़्त-ए-हाजत[5] ही
एक "ज़र्रा" तो दूसरा पानी

4. गौहर = मोती, 5. ब-वक़्त-ए-हाजत = आवश्यकता के समय

तरही ग़ज़ल

ग़ालिब के मिसरों और ज़मीन पर कोशिश

जब से दिल में सुकून तारी है
"सीना जूया-ए-ज़ख्म-ए-कारी[1] है" #

फिर बुलाने लगा है दश्त-ए-जुनूं
फिर ये ज़िंदान[2]-ए-होशियारी है

फिर किसी नाख़ुदा[3] का धोका है
फिर वो तूफ़ान की सवारी है

"हो रहा है जहान में अंधेर" #
ऐ फ़लक किस की पर्दा-दारी है

वस्ल के आ गये नए दस्तूर
हिज्र की रस्म अश्क-बारी है

अब ये मुश्किल कि दोनों ही जानिब
तर्क[4]-ए-उल्फ़त की वज़्अ-दारी[5] है

ग़ालिब का मिसरा

1. जूया-ए-ज़ख्म-ए-कारी = गहरे ज़ख़्म की तलाश करने वाला,
2. ज़िंदान = जेल, 3. नाख़ुदा = मल्लाह, 4. तर्क = छोड़ना,
5. वज़्अ-दारी = शिष्टाचार निभाना

ऐश से भर रहे ख़ुशी की ख़ला[6]
दिल-नवाज़ी भी दिल-फ़िग़ारी[7] है

"ज़र्रा" पहले भी हो चुके हो तबाह
"फिर कुछ इक दिल को बेक़रारी है" #

ग़ालिब का मिसरा

6. ख़ला = ख़ाली जगह, 7. दिल-फ़िग़ारी = ग़मगीनी

ग़ज़ल

यक़ीन मुझ को तेरी बात पर नहीं होता
भरोसा तुझपे है हालात पर नहीं होता

तुम्हारी आँख में अच्छा है आ गए आँसू
चलो शक़ अब तुम्हें जज़्बात पर नहीं होता

कभी कहा था ज़माना बदल के रख देंगे
पे ज़ोर अपने ही दिन-रात पर नहीं होता

जवाब देने की मिलती कड़ी सज़ा लेकिन
सवाल कोई सवालात पर नहीं होता

ये उम्र सारी कहो क्यूँ गुज़ारते तन्हा
यक़ीं जो अहद-ए-मुलाक़ात पर नहीं होता

ये जश्न वो है जो महरूमियों से होता है
ये मुनहसिर[1] किसी सौग़ात पर नहीं होता

बुरे ज़माने में "ज़र्रा" भले हुए हैं बुरे
ख़राब कोई ख़राबात[2] पर नहीं होता

1. मुनहसिर = निर्भर, 2. ख़राबात = शराबख़ाना

ग़ज़ल

तुमको करने करम नहीं होंगे
हमको सहने सितम नहीं होंगे

तुम हमारे हो तुम ये कह दोगे
हमको ख़्वाब-ए-इरम[1] नहीं होंगे

यार मिलते रहें जवानी के
उम्र ढलने के ग़म नहीं होंगे

ज़ुल्फ़ तारों से भी सजा दें तेरी
इसमें क्या पेच-ओ-ख़म नहीं होंगे

ज़िंदगी भी अता करेगी क्या
मुतमइन[2] भी तो हम नहीं होंगे

लोग हर सिम्त[3] हम को ढूंढेंगे
जबके नक़्श-ए-कदम नहीं होंगे

जब मुसव्विर हो आइना-बरदार
उनको क्यूँ-कर भरम नहीं होंगे

दिल दिमाग़ और जेब का झगड़ा
ये कभी ख़ुश बहम[4] नहीं होंगे

"ज़र्रा" सब से किया किनारा पर
हादिसे इस से कम नहीं होंगे

1. इरम = स्वर्ग का बग़ीचा, 2. मुतमइन = संतुष्ट,
3. सिम्त = तरफ़, 4. बहम = एक साथ

ग़ज़ल

ये नहीं रस्म-ए-जहां में हर तरह बेकार हूँ
बात बस यूं है कि रहता बारहा बेजार हूँ

ग़म बयां करके चले तो सुन लिए कुछ कहकहे
आजकल अपने ग़मों का आप ही ग़मख़्वार हूँ

मुझको करना था अगर बदनाम तो कहते मुझे
अपनी बदनामी का ख़ुद सबसे बड़ा औज़ार हूँ

तंज़-ए-दुनिया मुझपे तो तुम रोक पाओगे नहीं
पर कहो क्या संग[1]-ए-दुनिया का भी मैं हक़दार हूँ

गिरने वाली है लबों पर आख़िरी बादा[2] की बूँद
बस अभी इस पार हूँ लो अब चला उस पार हूँ

था जुनूं जिसका न पाया जो न चाहा मिल गया
दब गई आवाज़ हूँ जो चल गया ब्योपार हूँ

जब तलक सोहबत है ख़्वाब-ए-हुस्न-ओ-ख़ाली जाम की
नाइनायत ही हूं "ज़र्रा" पर नहीं नाचार हूँ

1. संग = पत्थर, 2. बादा = शराब

ग़ज़ल

एक चेहरा बहुत है याद आया
साथ क्या-क्या बहुत है याद आया

नक़्श-दर-नक़्श जिसको भूले थे
वो सरापा[1] बहुत है याद आया

कम-सुख़न[2] था वो कुछ न कहता था
कुछ न कहना बहुत है याद आया

मंज़िलें थीं जुदा-जुदा लेकिन
साथ चलना बहुत है याद आया

आने वाले की दस्तकें सुन कर
जाने वाला बहुत है याद आया

देखिए ग़म में कैसी बरकत है
थोड़ा सोचा बहुत है याद आया

ख़ाक करने के बाद रह-रह कर
उनको "ज़र्रा" बहुत है याद आया

1. सरापा = सर से पाँव तक, 2. कम-सुख़न = कम बोलने वाला

ग़ज़ल

रात भीगी है और तन्हा भी
ज़ुल्म देखा है तुम ने ऐसा भी

रो सँभल के ज़रा दिल-ए-नाशाद
एक मुद्दत से तू न रोया भी

एक तू ही न ढूँढता है उसे
और कितने हैं आबला-पा[1] भी

हम फ़ना होने चल दिए जिसपर
उसने इक बार है न रोका भी

हम ख़फ़ा हैं वो कुछ न कहते हैं
वो हैं नाराज़ कुछ न पूछा भी

क्या बताएँ कि क्या है घर अपना
ये चमन भी है और सहरा भी

गर न इसको कफ़स कहा करते
बन चुका होता आशियाना भी

न बुलाने की भी क़सम खा ली
घर न अच्छा लगे है सूना भी

दर न "ज़र्रा" तुझे था वा[2] रखना
कोई आता न कोई जाता भी

1. आबला-पा = जिस व्यक्ति के पाँव में छाले हैं, 2. वा = खुला

ग़ज़ल

हमसे दुनिया में उजाले हैं तो हैं
हम ज़माने के निकाले हैं तो हैं

सादगी दिल में सँभाले हैं तो हैं
सारी दुनिया से निराले हैं तो हैं

क़िल्लत-ओ-क़हत के पाले हैं तो हैं
इज़्ज़-ओ-आदाब में ढाले हैं तो हैं

जज़्बा-ए-दश्त-नवर्दी[1] है तो है
अनगिनत पाँव में छाले हैं तो हैं

जल रहीं शमअ सी बेदार[2] आँखें
ये पहर रात के काले हैं तो हैं

सच को बच्चे की है "कॉपी" ही बहुत
झूट के पास रिसाले हैं तो हैं

नाज़-ओ-ग़ैरत पे अना वाले जिएँ
पास में दो ही निवाले हैं तो हैं

1. दश्त-नवर्दी = रेगिस्तान में भटकना, 2. बेदार = जागृत

यूं तो हर बात पे गहरी रही फ़िक्र
फिर भी क़िस्मत के हवाले हैं तो हैं

पास[3] रख तिश्ना-लबी[4] का "ज़र्रा"
मय है मीना है पियाले हैं तो हैं

3. पास = मान, 4. तिश्ना-लबी = प्यास की अवस्था

ग़ज़ल

न तो आह मेरी सुनाई दे न ही ज़ख़्म मेरा दिखाई दे
जो भी मुझसे मिलता है आजकल मुझे मुस्कुरा के बधाई दे

कभी खिड़कियों से हूँ देखता कि ये किस जगह में हूँ रह रहा
कभी बस्तियाँ हैं दिखें मुझे कभी दश्त मुझ को दिखाई दे

तेरा नाम ले-ले के लोग क्या करें बात ये न मुझे पता
तेरा नाम सुन लूँ जो इक दफ़ा मुझे और कुछ न सुनाई दे

ये अलम[1] जो है तेरे हिज्र का कहूँ सच तो ऐसा न है बुरा
ये नजात दे हर उम्मीद से ये हर आरज़ू से रिहाई दे

कोई सूरत एक तो ज़ीस्त[2] की मुझे अब दिखा दे कहीं कोई
जो नसीब में मेरे ज़र ना दे मुझे हौसला-ए-गदाई[3] दे

किसी एक दिल में ही दे जगह किसी एक घर में ही दे पनाह
भला कब ये "ज़र्रा" ने था कहा कि उसे तू सारी ख़ुदाई दे

1. अलम = गहरा दुख, 2. ज़ीस्त = ज़िंदगी, 3. गदाई = भीख मांगना

ग़ज़ल

राज़ को खोला है इस अंदाज़ में
जो था ज़ाहिर वो छुपाया राज़ में

आसमां में याद आया आशियां
लुत्फ़ कम होता गया परवाज़ में

रास्ते भर दूर जाते ही गए
वरना मंज़िल पर थे हम आग़ाज़ में

काम सरगोशी के ज़िम्मे आ गया
जब न कुछ क़ुव्वत[1] रही आवाज़ में

है मरज़ ये ही दिल-ए-नासाज़ का
वो दवा ढूँढे निगाह-ए-नाज़ में

बेहुनर भी हो रहा है बाहुनर
वाह क्या एजाज़ है एज़ाज़ में

चल न पाए दिल के रस्ते पर कभी
थी तफ़ावत[2] हमसफ़र हमराज़ में

ग़म न कर दुनिया की नाफ़हमी[3] का तू
"ज़र्रा" यक्ताई[4] है गर अंदाज़ में

1. क़ुव्वत = सामर्थ्य, 2. तफ़ावत = फ़र्क़ / फ़ासला,
3. नाफ़हमी = नासमझी, 4. यक्ताई = अद्वितीयता

ग़ज़ल

अब ये ख़ुदा ही जाने वो क्यूँ मुस्कुरा रहे
पास आ रहे हैं या कि हैं जी को जला रहे

फ़रमा रहे करम कभी बरपा रहे हैं क़हर
दोनों ही सूरतों में हमें आज़मा रहे

चेहरे पे बेरुख़ी है तो आँखों में हसरतें
हमको फ़रेब दे रहे और ख़ुद भी खा रहे

दर से पलट गए तो पुकारोगे क्या नहीं
मंज़िल से दूर जा रहे मंज़िल को पा रहे

हमको रुलाने के लिये कीजे कोई जतन
हम ग़म में रक़्स कर रहे हम गीत गा रहे

पहलू में वो नहीं हैं बहुत यूं भी इसका ग़म
और सामने वो ज़ुल्फ़ को रुख़ पर गिरा रहे

क़ातिल के हाथ से नहीं दाग़-ए-लहू गया
जा सुर्ख़ ता-अबद[1] तेरा रंग-ए-हिना रहे

"ज़र्रा" नज़र में आपकी कुछ भी नहीं तो फिर
क्यूँ देख दिल-फ़िग़ार[2] उसे मुस्कुरा रहे

1. ता-अबद = हमेशा के लिए, 2. दिल-फ़िग़ार = घायल दिल वाला

तरही ग़ज़ल

साहिर लुधियानवी के मिसरे और ज़मीन पर कोशिश

बेज़ार हो गए हैं अब इस ज़िंदगी से हम
दुनिया को लग रहा है कि हारे उसी से हम

महफ़िल में हम शरीक हैं इस बेहिसी के साथ
करते क़बूल दाद भी किस बेरूख़ी से हम

ये कब कहा कि इसने हमें कुछ नहीं दिया
कुछ और चाहते थे मगर ज़िंदगी से हम

उसके नहीं हुए तो ज़माने के हो गए
यानी कि बेवफ़ा ही रहे हैं सभी से हम

आह-ओ-फ़ुग़ां थी तुझको सुनाने के वास्ते
"लो अब कभी गिला न करेंगे किसी से हम" #

वो कह रहे कि दर्द नुमायां[1] न कीजिये
होंटों पे ला रहे हैं हँसी बरहमी[2] से हम

साहिर लुधियानवी का मिसरा

1. नुमायां = प्रकट, 2. बरहमी = नाराज़ होकर

शायद हमारे फ़न ने उन्हें बदगुमां[3] किया
वरना मिले हैं सबसे बड़ी सादगी से हम

तन्हाइयों में पास भी आएगा और कौन
अपना रहे हैं "ज़र्रा" ग़मों को ख़ुशी से हम

3. बदगुमां = संदेह रखने वाला

ग़ज़ल

फिर दिल को आबाद न कर
भूल के भी अब याद न कर

मैं कहता बेदाद[1] न कर
वो बोले फ़रियाद न कर

ले-दे कर कुछ वहम-ओ-गुमां
इनको तो बर्बाद न कर

कहता असीर[2]-ए-ज़ुल्फ़ ये क़ैद
लम्बी कर आज़ाद न कर

मसअलों को सुलगा देंगे
ऐसे हल ईजाद न कर

बूँद न इक पीने दे या
तय मय की मीआद[3] न कर

कर दे "ज़र्रा" को रुस्वा
लेकिन देकर दाद न कर

1. बेदाद = अत्याचार, 2. असीर = बंदी, 3. मीआद = अवधि

ग़ज़ल

न हवा है न आब-ओ-दाना है
बस चमन में इक आशियाना है

कह रही है सबा भी अब के बरस
फ़स्ल-ए-गुल[1] का न कुछ ठिकाना है

साथ ख़ुशियों का चंद-रोज़ा है
ग़म से रिश्ता बड़ा पुराना है

जी तो करता है इसको मान लें सच
ये जो तेरा-मेरा फ़साना है

लामकां हम हैं दुख नहीं लेकिन
दिल तेरा सूना आस्ताना[2] है

महव-ए-दीद-ए-ख़िराम[3] थे न था होश
कि ये आना तेरा कि जाना है

जो न तूफ़ां में भी बुझी थी लौ
अश्क-ओ-आह से उसे बचाना है

राज़-ए-दिल कब अयां[4] किया "ज़र्रा"
ये सुख़न-गोई[5] बस बहाना है

1. फ़स्ल-ए-गुल = बहार का मौसम, 2. आस्ताना = मकान,
3. महव-ए-दीद-ए-ख़िराम = चाल देखने में मग्न,
4. अयां = ज़ाहिर, 5. सुख़न-गोई = कविता सुनाना

ग़ज़ल

हमसे गिला न कर कि हम, तेरी अदा में ढल गए
हिज्र के दिन बढ़ा गए, वस्ल का दिन बदल गए

जितने भी ख़्वाब आए थे, सारे ही बेअमल[1] गए
कुछ हुए रात ही में ग़र्क़[2], कुछ थे जो सुब्ह जल गए

हम हैं कहाँ ये पूछ मत, हम तेरे दिल का वहम हैं
तू ने पुकारा आ गए, तू ने कहा निकल गए

तर्क[3]-ए-वफ़ा के ख़ार थे, रस्म-ए-वफ़ा के आबले[4]
दिल की बना के जूतियाँ, राह-ए-वफ़ा पे चल गए

हमने भी हाल कह दिया, वो भी हुए हैं मेहरबां
हम भी यहाँ बदल गए, वो भी वहाँ बदल गए

दिल में थी उसकी आरज़ू, होंटों पे उसका नाम था
दार-ओ-रसन की ओर हम, गाते हुए ग़ज़ल गए

"ज़र्रा" जुनूं की राह में, सम्तें[5] न संग-ए-मील[6] हैं
इसमें भटक गए हैं जो, आगे वही निकल गए

---

1. बेअमल = बिना काम में लाए, 2. ग़र्क़ = डूब, 3. तर्क = छोड़ना,
4. आबले = छाले, 5. सम्तें = दिशाएं, 6. संग-ए-मील = मील के पत्थर

ग़ज़ल

सोच लो कितने सितम उसने उठाए होंगे
दिल के शिकवे जो ज़ुबां तक भी न आए होंगे

कितने इल्ज़ाम लिए दी न सफ़ाई जिनकी
कितने एहसान किए जो न जताए होंगे

पूछता होगा उदासी का सबब गर कोई
जाने क्या-क्या थे बहाने जो बनाए होंगे

शोर दुनिया का हरिक सम्त[1] सभी पर हावी
दिल के अंदेशे भला किसको सुनाए होंगे

उसको मालूम था होंगे न मुकम्मल लेकिन
ख़्वाब आँखो में कई फिर भी सजाए होंगे

जाने-वालों ने अभी पाँव थे रक्खे बाहर
खोल दे दर वो कहीं लौट न आए होंगे

बारहा याद कराते हैं सबक ये आँसू
आज अपने हैं वो इक रोज़ पराए होंगे

दर्द क्या ख़ाक समझ पाएगा उसका कोई
और दिल ऐसे ख़ुदा ने न बनाए होंगे

1. सम्त = ओर

रंज-ओ-ग़म दिल के लहू में भी नहाते कब तक
बनके ख़ूनाब² वो सुर्ख़-आँख में आए होंगे

अश्क जो उसके बहे उनका हूँ मुजरिम "ज़र्रा"
उनसे नादिम³ भी जो अब तक न बहाए होंगे

2. ख़ूनाब = रक्त मिले आँसू 3. नादिम = शर्मिंदा

ग़ज़ल

मुझ को अपना फ़ैज़ अता कर दे ख़ुदा
अब तो कासा-ए-गदा[1] भर दे ख़ुदा

मैं रहूंगा तिश्ना तेरे नाम का
कतरा दे चाहे समंदर दे ख़ुदा

बस तेरा दस्त-ए-शिफ़ा[2] मेरा इलाज
बस मेरे माथे को छू भर दे ख़ुदा

मैंने ज़ुल्मत[3] के बनाए हैं महल
नूर का छोटा-सा इक घर दे ख़ुदा

मैं गुनाह करते ही वरना जाऊंगा
तू सज़ा मुझको बराबर दे ख़ुदा

मुझको सबमें तू ही तू आए नज़र
मेरी नज़रों को वो मंज़र दे ख़ुदा

हो क़फ़स में लुत्फ़ जो परवाज़ का
इक फ़लक मेरे ही अंदर दे ख़ुदा

और दे तू जज़्बा-ए-उल्फ़त मुझे
चाहे मुझ को अक़्ल कमतर दे ख़ुदा

1. कासा-ए-गदा = भिखारी का कटोरा,
2. दस्त-ए-शिफ़ा = रोग-निवारण की शक्ति वाला हाथ,
3. ज़ुल्मत = अंधेरा

चाहिए क्या मुझको छोड़ा तुझपे अब
चाह से फ़ारिग़[4] मुझे कर दे ख़ुदा

आँख थी "ज़र्रा" मगर अंधा रहा
खोल दे आँखों के सब पर्दे ख़ुदा

4. फ़ारिग़ = निवृत्त

ग़ज़ल

जो अँधेरों में दीप जलते हैं
वो निगाहों से ही निकलते हैं

दिल की धरती पे रहम के बादल
दश्त को बाग़ में बदलते हैं

ग़म मराहिल[1] हैं गर गुज़र जाओ
वरना ये साथ-साथ चलते हैं

क्या बयां इस क़दर ज़रूरी है
लफ्ज़ एहसास को मसलते हैं

सब वो माज़ी के तोड़ दो साँचे
शक गुमां वहम जिनमें ढलते हैं

ठोकरें भी गिरा-गिरा के थकीं
हम सँभाले कहाँ सँभलते हैं

काश बेनाम ही रहे ये गली
इसमें सब पुर-सुकूं[2] टहलते हैं

उनको लुत्फ़-ए-सफ़र नसीब कहाँ
सू[3]-ए-मंज़िल जो लोग चलते हैं

1. मराहिल = सफ़र के पड़ाव, 2. पुर-सुकूं = शांतिपूर्ण, 3. सू = दिशा

तेरा वादा शराब था साक़ी
ख़ाली जाम-ओ-सुबू[4] निकलते हैं

"ज़र्रा" वो बज़्म में हमें पूछें
और हम घर में हाथ मलते हैं

4. जाम-ओ-सुबू = प्याला और घड़ा

ग़ज़ल

भला नहीं तो बुरा भी न इस क़दर होता
ग़म-ए-निहां[1] का मेरे कोई चारगर होता

हमें न शौक़ भटकने का दर-ब-दर होता
मकां जो शहर में तेरे मिला अगर होता

गिला न पाँव के छालों का हम ज़रा करते
ज़रा-ज़रा ही सुहाना जो ये सफ़र होता

नहा के ख़ून में अपने न आते दर पे तेरे
हुआ जो आह-ओ-फ़ुग़ां का कोई असर होता

गुमान हमको भी होता न अपनी अज़्मत का
ज़माना मुफ़लिस-ओ-नादार[2] यूं न गर होता

मुआफ़ कब का ज़माने को कर चुके होते
मुआफ़ खुद को जो करने का ज़र्फ़ अगर होता

सही ग़लत का न होता जो ख़ब्त यूं तुझमें
तेरे नदीम[3] भी होते तेरा भी घर होता

उठाए मैयत-ए-हसरत चले चलूँ "ज़र्रा"
वगरना गोर-ए-अना[4] पर झुकाए सर होता

1. निहां = अंदर छिपा हुआ, 2. नादार = कंगाल,
3. नदीम = दोस्त, 4. गोर-ए-अना = गर्व की कब्र

ग़ज़ल

क़त्ल के लगता है मेरे इस क़दर चर्चे हुए
सब तमाशाई पशेमां[1] साथ क़ातिल के हुए

जानते थे बेवफ़ाई है चलन इस शहर का
किसलिए फिर हर दग़ा पर तुम ख़फ़ा इतने हुए

दाद ख़ामोशी की मिलती खोलने पर लब सज़ा
बात मेरी क्यूँ न दबती होंट तक आते हुए

ग़म मेरा बिकता हुआ बाज़ार में पाता हूँ मैं
देखता ग़मख़्वार को दोकान पर बैठे हुए

पीठ होने लग गई तैयार ख़ंजर के लिए
यूं गले मिलता नहीं कोई यहां हँसते हुए

दाम इक लम्हा ख़ुशी भी ख़ूब बिकने को मुझे
शर्म बस आती है "ज़र्रा" मुझको ये कहते हुए

1. पशेमां = शर्मिंदा

ग़ज़ल

ज़िंदगी इंक़लाब में हमने
काट दी इज़्तिराब[1] में हमने

जो न मायूसियों में गुज़रे थे
दिन गुज़ारे इताब[2] में हमने

यार अपना-सा कोई ढूँढ लिया
किसी ख़ाना-ख़राब में हमने

बात अपनी भी हाशियों पे लिखी
ज़िंदगी की क़िताब में हमने

है ख़फा हमसे काफ़िला सारा
दश्त देखा सराब में हमने

हमको सब्ज़ा बबूल में भी मिला
ख़ार पाए गुलाब में हमने

दाद पर फ़न लुटा दिया सारा
भूल कर दी हिसाब में हमने

चाँदनी रात और हसरतें चंद
ग़र्क़[3] कर दीं शराब में हमने

1. इज़्तिराब = बेचैनी, 2. इताब = ग़ुस्से, 3. ग़र्क़ = डूब

कौन सरकश[4] हैं या तमाशाई
जाना मक़्तल[5] के बाब[6] में हमने

क्या सज़ा दोगे जमअ कर लीं हैं
मस्तियाँ हर अज़ाब[7] में हमने

बात पूछी दवा की "ज़र्रा" से
दर्द पाया जवाब में हमने

4. सरकश = विद्रोही, 5. मक़्तल = क़त्ल करने का स्थान,
6. बाब = द्वार, 7. अज़ाब = पापों का दंड

तरही ग़ज़ल

मख़दूम के मिसरे और ज़मीन पर कोशिश

"आप की याद आती रही रात भर" #
तीरगी झिलमिलाती रही रात भर

ख़्वाब आते रहे ख़्वाब जाते रहे
नींद भी आती जाती रही रात भर

तार बेचैनियों के उलझते रहे
बेकसी धुन बनाती रही रात भर

बेज़बानी ज़बां ढूँढती रह गई
बेबसी बड़बड़ाती रही रात भर

सारी शमएं हवा ने बुझा दीं तो क्या
चाँदनी जगमगाती रही रात भर

ख़ामोशी अपना पैग़ाम देती रही
दिल की धड़कन सुनाती रही रात भर

हसरतों की ये सूखी हुई फ़स्ल को
नाउमीदी जलाती रही रात भर

 # मख़दूम का मिसरा

हाय क्या खूब साक़ी है तन्हाई तू
जाम पर जाम लाती रही रात भर

ये शब-ए-हिज्र "ज़र्रा" बहुत बावफ़ा
रोज़ वादा निभाती रही रात भर

ग़ज़ल

घर को छोड़ आए थे सफ़र के लिए
अब सफ़र कर रहे हैं घर के लिए

ये जो मंज़िल है वो नहीं मंज़िल
इक बहाना है रहगुज़र के लिए

बारहा दिल को क्यूँ दुखाते हो
अब के बिछड़ो तो उम्र भर के लिए

उनकी दावत को देख जान गए
सर-ओ-सामां[1] हैं बाम-ओ-दर के लिए

एक किरदार ही बहुत निकला
अपने क़िस्सा-ए-मुख़्तसर के लिए

लुत्फ़ "ज़र्रा" सलामती में कहाँ
ग़र्क़[2] होते गये गुहर[3] के लिए

1. सर-ओ-सामां = सामग्री, 2. ग़र्क़ = डूबना, 3. गुहर = मोती

ग़ज़ल

असीरी[1] में जिए जाते हैं ज़िंदां[2] में मलालों के
गुनहगार आज के भी और मुजरिम गुज़रे सालों के

सफ़र की दास्तां कहते कोई मंज़िल अगर पाते
चलो किस्से सुना देते हैं कुछ पैरों के छालों के

जली है बारहा अपने चराग़ों ही से ये बस्ती
न इसकी ओर करना रहनुमा तुम रुख़ मशालों के

कहा क्या-कुछ नहीं हम ने ख़ुद अपने आप को अब तक
लगेंगे क्या बुरे अल्फ़ाज़ हमको कहने-वालों के

फ़िराक़ों के ज़मानों में रहे नाशाद दिल माना
मगर जिस वक़्त ये टूटे वो मौसम थे विसालों के

सवाल उठते गए जितने जवाब उतने गए देते
जवाबों से मगर मुँह बंद कब होते सवालों के

कभी दरिया निगल डालें कभी इक बूँद में डूबें
हमें हैरान चेहरे अच्छे लगते दुनिया-वालों के

बहुत देखा इन्हें पर आज भी करते गुमां पैदा
सुख़न "ज़र्रा" का नश्शा मय का ग़म्ज़े[3] मह-जमालों[4] के

1. असीरी = गिरफ़्तारी, 2. ज़िंदां = जेल, 3. ग़म्ज़े = आँख के इशारे, 4. मह-जमालों = जो चांद से हसीन हैं

ग़ज़ल

दो-चार[1] सबसे हुए एक-एक करते हुए
जिगर के ज़ख़्म गिने एक-एक करते हुए

हमारे ज़ब्त[2] का भी एहतिराम[3] होता रहा
उन्होंने ज़ुल्म किए एक-एक करते हुए

बड़े सुकून से अब एक-एक दिन गुज़रे
गुमां हैं टूट चुके एक-एक करते हुए

उमड़ के फूट पड़ा सारा प्यार इक पल में
फिर आए याद गिले एक-एक करते हुए

गए जो लौट के बचपन की भूली यादों में
तो राज़-ए-ज़ीस्त[4] खुले एक-एक करते हुए

उठाए पर्दे जो अग़्यार[5] से तो क्या देखा
वहाँ तो यार दिखे एक-एक करते हुए

मैं शहर-शहर गया जिनसे दूर जाने को
वो शहर-शहर मिले एक-एक करते हुए

ये लग रहा तेरे अशआर सुनके ऐ "ज़र्रा"
तू इनको फिर से कहे एक-एक करते हुए

1. दो-चार = परिचय होना, 2. ज़ब्त = सहनशीलता,
3. एहतिराम = सम्मान, 4. ज़ीस्त = ज़िंदगी,
5. अग़्यार = ग़ैर और विरोधी लोग

ग़ज़ल

क्या ये सच है कि हमसफ़र हम हैं
या कि बस तेरी रहगुज़र हम हैं

हार जाते हैं आशियाने से
वरना कहने को तो शजर¹ हम हैं

एक बस प्यार ही की हाजत है
और उसमें भी बेहुनर हम हैं

हमने चाहा नहीं किसी का बुरा
हाँ मगर ख़ुद से बेख़बर हम हैं

दिल की मजबूरियों का क्या कहिए
आप ही ज़ख़्म आप मरहम हैं

कितने इमकां² हैं मुंतज़िर³ अब तक
जो ये कहते कि मुंतज़र⁴ हम हैं

सुब्ह से शाम और शाम से सुब्ह
अब ये क़िस्सा-ए-मुख़्तसर हम हैं

---

1. शजर = पेड़, 2. इमकां = सम्भावनाएँ, 3. मुंतज़िर = जो इंतज़ार करे,
4. मुंतज़र = जिसका इंतज़ार किया जा रहा हो

वो जो तन्हा शजर है सहरा में
उसका टूटा हुआ समर[5] हम हैं

"ज़र्रा" कल याद आएंगे ये दिन
आज जिनसे हम इतने बरहम[6] हैं

5. समर = फ़ल, 6. बरहम = नाराज़

ग़ज़ल

ज़िंदगी से प्यार हम करते गए
और इसे दुश्वार हम करते गए

शौक़ भी पाले उमीदें भी रखीं
दिल को यूं बेज़ार हम करते गए

हाथ को कासा[1] बना डाला मगर
सर को भी दस्तार हम करते गए

दिन में जो-जो भी किया तामीर उसे
रात को मिस्मार[2] हम करते गए

दिल को नाज़ुक फूल ही रक्खा भले
ज़हन को औज़ार हम करते गए

जब न है उसको ही दरकार-ए-वफ़ा
अहद क्यूँ बेकार हम करते गए

जान-लेवा थे ये जज़्बात-ए-जुनूं
पर इन्हें अफ़कार[3] हम करते गए

लुट के मिलती "ज़र्रा" दौलत इश्क़ की
था खरा ब्योपार हम करते गए

1. कासा = भीख का कटोरा, 2. मिस्मार = ध्वस्त, 3. अफ़कार = सोच

ग़ज़ल

कोई ग़म इसके जैसा ग़म नहीं है
कोई ग़मख़्वार जब महरम[1] नहीं है

तेरी बरकत ये माना कम नहीं है
मेरी हसरत से पर बाहम[2] नहीं है

सजे हैं ख़ार पर छींटे लहू के
नहीं है फूल पर शबनम नहीं है

नहीं है उँगलियों में लम्स[3] तो क्या
कि ज़ुल्फ़ों में भी पेच-ओ-ख़म नहीं है

मेरे भी गोश[4] से गुम ज़ौक़[5]-ए- नग़मा
तेरी सरगोशी में सरगम नहीं है

खुद अपना ही तमाशाई बनूँ मैं
रहा आँखों में अब वो दम नहीं है

खिज़ां में फूल काग़ज़ के खिले हैं
सजावट है मगर मौसम नहीं है

न छेड़ो फ़िक्र-ओ-फ़न की बात "ज़र्रा"
अभी महफ़िल में वो आलम नहीं है

1. महरम = राज़दां होना, 2. बाहम = साथ-साथ, 3. लम्स = स्पर्श,
4. गोश = कान, 5. ज़ौक़ = आनंद

ग़ज़ल

दर पे दस्तक-सी हुई घर से निकलने के लिए
वक़्त है आन पड़ा वक़्त बदलने के लिए

एक वो साँस जो फ़रियाद में घुटकर टूटी
एक पैग़ाम थी तूफ़ान को चलने के लिए

एक आवाज़ से कुछ और उठीं आवाज़ें
कितना कुछ और है दुनिया में बदलने के लिए

ज़ख़्म भरने के लिये ज़ख़्म भी खाने होंगे
ख़ार पर चलना पड़े ख़ार कुचलने के लिए

तू न ये पूछ के क्यूँ लोग खड़े हैं चुपचाप
इनकी बंदिश ही तो मक़सद तेरा चलने के लिए

हम तुम्हें कैसे कहें रोक लो तेशे[1] अपने
हम तमाम उम्र रुके बर्फ़ पिघलने के लिए

खुद सहर अपनी करो नोच के सूरज अपना
मुन्तज़िर[2] क्यूँ हो भला रात के ढलने के लिए

सिर्फ़ हिम्मत से ही ये काम नहीं होता है
मुद्दआ चाहिए गिरकर के संभलने के लिए

कौन कब आग पराई में जला है "ज़र्रा"
आग सीने की ही दरकार है जलने के लिए

1. तेशे = पत्थर काटने के औज़ार, 2. मुन्तज़िर = जो इंतज़ार करे

ग़ज़ल

सदाएं सुनना ख़ामोशी की शब भर अच्छा लगता है
न हो पेश-ए-नज़र कुछ भी वो मंज़र अच्छा लगता है

लगे है फ़ासले से तो दरख़्शां[1] ही हर इक बस्ती
न जब तक पास से देखो तो हर घर अच्छा लगता है

सजा ग़ुस्ताख़ियों की जुर्म से बढ़कर मिला करतीं
मगर मस्तों की वाहवाही भी सुनकर अच्छा लगता है

रवां ऐसा कि अफ़सुर्दा[2] रहे ज़िंदान[3]-ए-तन में ये
लहू को मेरे नज़्ज़ारा-ए-ख़ंजर अच्छा लगता है

मरम्मत मांगते यूं तो दर-ओ-दीवार-ओ-छत इसके
मोहब्बत ही मिले थोड़ी तो ये घर अच्छा लगता है

हुए बेज़ार कुछ इस ऐसी तरह हम ज़ीस्त[4] से "ज़र्रा"
कि बस अब लुत्फ़ में ही ग़र्क़[5] रहकर अच्छा लगता है

1. दरख़्शां = प्रकाशमान, 2. अफ़सुर्दा = खिन्न, 3. ज़िंदान = जेल,
4. ज़ीस्त = ज़िंदगी, 5. ग़र्क़ = डूब

ग़ज़ल

इंतिहा पर इंतिहा हूँ कर रहा
जाने कैसी है ख़ला[1] जो भर रहा

शौक़ तो जाता रहा आग़ोश का
पीठ पे पैवस्त[2] पर ख़ंजर रहा

देने वाले ने तो भर डाला उसे
वो मेरा दामन ही कुछ कमतर रहा

ठोकरें मुझसे पशेमां[3] यूं हुईं
उज़्र-ख़्वाह[4] हर-एक ही पत्थर रहा

रोग ही कुछ इस तरह का था मुझे
मेरा क़ातिल मेरा चारागर रहा

उस पे शिकवे भी लतीफ़े हो गए
मेरे लब पर जब तलक साग़र रहा

जितने दिन नाराज़ मैं अपनों से था
रोज़ मुझमें कुछ—न-कुछ था मर रहा

1. ख़ला = ख़ाली जगह, 2. पैवस्त = गढ़ा हुआ,
3. पशेमां = लज्जित, 4. उज़्र-ख़्वाह = बहाना बनाने वाला

इतना भी कोई बुरा तो है न पास
इतना गुस्सा कौन मुझमें भर रहा

ज़िंदगी ने दे दिया उस-उस का लुत्फ़
"ज़र्रा" जिस-जिस का भी तुझको डर रहा

तरही ग़ज़ल

मोमिन के मिसरे और ज़मीन में कोशिश

दर्द यूं ला-दवा नहीं होता
गर ये ख़ुद का दिया नहीं होता

बद-दुआ बे-असर नहीं होती
ग़ैर का पर बुरा नहीं होता

दोस्तों दुश्मनों सुनो मेरी
कोई अच्छा-बुरा नहीं होता

जाओ काफ़िर क़रार दो मुझको
आदमी पर ख़ुदा नहीं होता

है शब-ए-हिज्र इक फ़रेब-ए-ख़याल
फ़ासला फ़ैसला नहीं होता

हाय तेरे भी दिल में वो ही था
काश मैंने कहा नहीं होता

मान लो मिल भी जाते हम-तुम तो
क्या कोई और जुदा नहीं होता

शे'र वो सब से ख़ूबसूरत है
जो ग़ज़ल में कहा नहीं होता

"ज़र्रा" होती है बेहिजाब ग़ज़ल
"जब कोई दूसरा नहीं होता" #

#*मोमिन का मिसरा*

ग़ज़ल

आज तुझको जो फ़लक पर हैं बिठाने वाले
देखना कल वही नज़रों से गिराने वाले

आज उठते हैं जो सीने से लगाने के लिए
कल वही हाथ हैं पत्थर भी उठाने वाले

ज़िंदगी ने ये हमें क्या से बना क्या डाला
अब बुरे भी नहीं लगते हैं ज़माने वाले

इन परीवश को कभी आइना-ए-दिल न दिखा
अक्स बस देख के अपना हैं ये जाने वाले

वो बुलाते ही नहीं हैं तो ये कहते हम भी
हम बुलाने से कहाँ लौट के आने वाले

बात "ज़र्रा" को ही अब करनी पड़ेगी कोई
बात करते ही नहीं बात बनाने वाले

ग़ज़ल

शौक़ का सामान है लेकिन तबीअत और है
इशरतें[1] आसाइशें[2] हैं पर शिकायत और है

देखकर लबरेज़[3] पैमाना भी चेहरा है बुझा
साक़िया अब रिंद में लगता कि वहशत और है

किसलिए बज़्म-ए-तरब[4] में एक चेहरा है उदास
इसको यूं ही छोड़ दो इसकी मुसीबत और है

शान-ओ-शौक़त की नुमाइश में न ले जाओ मुझे
मेरी आँखों में निहां[5] जल्वे की अज़मत और है

जश्न के माहौल में जब हर तरफ हों रौनक़ें
मेरे ग़म-ख़ाने में तब एहसास-ए-ज़ुल्मत[6] और है

आरज़ू जो हो नहीं पाई मुकम्मल मुद्दतों
अब वो होने को है हासिल तो ज़रूरत और है

उसका पैमान-ए-वफ़ा था उसने तोड़ा मुझको क्या
उस की नीयत और है मेरी अक़ीदत[7] और है

1. इशरतें = एश्वर्य, 2. आसाइशें = सुविधाएँ, 3. लबरेज़ = छलकता,
4. तरब = विलास, 5. निहां = छुपे, 6. ज़ुल्मत = अँधेरा,
7. अक़ीदत = निष्ठा

सबके आगे जिसमें चमके है ख़ुद-आराई[8] का नूर
आइने के सामने उस रुख़ की रंगत और है

माँगने से दाद मिल जायेगी अहल[9]-ए-बज़्म से
"ज़र्रा" पर तेरे सुखन की आन-ओ-ग़ैरत और है

8. ख़ुद-आराई = ख़ुद को निहारना, 9. अहल = लोग

ग़ज़ल

जब भी दिल में मलाल आता है
तब तुम्हारा ख़याल आता है

रोज़ पामाल[1] होने जाता है
रोज़ कर के कमाल आता है

है ये क़ीमत उरूज[2] की शायद
बाद इसके ज़वाल[3] आता है

खोज में इस जवाब की हैरां
जाने अब क्या सवाल आता है

बाद जिसके सभी कुछ अच्छा है
किस बरस में वो साल आता है

हुस्न भी इक कमाल है लेकिन
रहम हो तो जमाल आता है

"ज़र्रा" बेदिल नहीं है दिलवालों
बस कहीं दिल सँभाल आता है

1. पामाल = पैर से कुचले जाना,
2. उरूज = उत्थान, 3. ज़वाल = अवनति

ग़ज़ल

ये सफ़र जो तन्हा है इस क़दर तो फिर उठ रहा है ग़ुबार क्यूँ
न नशेब[1] है न फ़राज़[2] है तो कठिन है राहगुज़ार क्यूँ

न तो थीं अयां[3] वो मोहब्बतें हुई उसको भी कई मुद्दतें
तो हूँ ज़िक्र का तेरे मुन्तज़िर[4] तेरे नाम के हूँ निसार क्यूँ

जो न क़ुर्बतों[5] सी थीं क़ुरबतें तो फ़सुर्दा[6] क्यूँ हैं ये फ़ुर्क़तें[7]
जो सुरूर[8] ही न चढ़ा कभी तो उतर रहा है ख़ुमार[9] क्यूँ

तुझे शौक़-ए-लाला-ओ-गुल अगर तो लहू से सींच के सुर्ख़ कर
तुझे ग़म ख़िजां का है किसलिए तुझे इंतिज़ार-ए-बहार क्यूँ

मैंने यूं भी सबसे सुना बहुत तो न अब करो मेरी ताज़ियत[10]
मुझे संग[11] यूं भी मिले कई तो बनाओ मेरा मज़ार क्यूँ

जो न मिल सका था वो जाने क्या जो भी मिल गया है वो क्या बुरा
जो न उठ सका वो है बोझ क्या जो उठा लिया है वो बार[12] क्यूँ

सभी चाक-ए-दामां[13] रफ़ू हुए सभी ज़ख़्म-ए-जान-ओ-जिगर भरे
तो है "ज़र्रा" अब भी बरहना[14] क्यूँ तो है "ज़र्रा" अब भी फ़िगार[15] क्यूँ

1. नशेब = उतार, 2. फ़राज़ = चढ़ाव, 3. अयां = ज़ाहिर,
4. मुन्तज़िर = इंतिज़ार में, 5. क़ुर्बतों = नज़दीकियों,
6. फ़सुर्दा = खिन्न, 7. फ़ुर्क़तें = दूरियां, 8. सुरूर = चढ़ता नशा,
9. ख़ुमार = उतरता नशा, 10. ताज़ियत = मृत्यु पर शोक,
11. संग = पत्थर, 12. बार = भार, 13. चाक-ए-दामां = कपड़े के टुकड़े,
14. बरहना = नग्न, 15. फ़िगार = घायल

ग़ज़ल

कोशिशों में तो कभी चाहों में
ज़ीस्त गुज़री है गुज़र-गाहों[1] में

दिल के शोलों को हवा मिलती रही
हम ने पाया है सुकून आहों में

चाहिए तेरी निगाहों में जगह
फिर मिले या न मिले बाहों में

होने वाला है हमारा अब क्या
ये ख़बर पाई है अफ़वाहों में

जब भी सोहबत मिली गुमराहों की
यूं लगा आ गया हमराहों में

बातें सुनता रहा नासेहों की
अब मैं हूँ अपने ही बदख़्वाहों[2] में

मंज़िलें सब हुईं बासी "ज़र्रा"
कुछ नया रोज़ रहा राहों में

1. गुज़रगाहों = आने-जाने का मार्ग, 2. बदख़्वाहों = बुरा चाहने वाले

ग़ज़ल

यूं खुल के न सच बोला करो दौर-ए-खिज़ां में
मुरझाने दो फूलों को बहारों के गुमां में

कब फ़र्क़ भी तुमने था किया सूद-ओ-ज़ियां[1] में
अब पूछ रहे पाया है क्या खोया जहां में

उम्मीद न दिल में थी न वो बात लबों पर
फिर जाते भी क्या ले के भला उसके मकां में

दुनिया से भी रुस्वा हुए यारों से भी मायूस
अब देखो कि क्या होंगे दर-ए-राहत-ए-जां में

दिल में भी है रहम उसके उसे रब्त[2] भी हमसे
कोई तो कमी होगी हमारी ही फ़ुग़ां[3] में

दिख जाते हैं नैरंग[4]-ओ-फ़रेब उनके हमें जब
कुछ और भी आती है कशिश हुस्न-ए-बुतां में

क़ाबू न रहा मुझको अब अपनी ही अना पर
वरना है बहुत बेचने को माल दोकां में

यूं तो थे हमेशा ही लब-ए-"ज़र्रा" पे शिकवे
तल्खी तो न ऐसी थी कभी उस की जुबां में

1. सूद-ओ-ज़ियां = फ़ायदा और नुक़सान, 2. रब्त = लगाव,
3. फ़ुग़ां = दुहाई, 4. नैरंग = जादू

ग़ज़ल

मैं सियह[1] को सपीद[2] कर आया
दिल में रौशन उमीद कर आया

दौर-ए-ज़ुल्मत[3] है शुक्रिया तेरा
तुझमें अपनी मैं दीद कर आया

वो यक़ीं था दुआओं पर उसकी
जश्न मैं बेनवीद[4] कर आया

एक ही आरज़ू थी और वो भी
उसके दर पर शहीद कर आया

तेरी आँखों-सा कुछ मिला ही नहीं
सब शराबें कशीद[5] कर आया

यूं किया एतिराफ़[6] मुन्सिफ़[7] से
उसको अपना मुरीद कर आया

कैसे बच्चों का तोड़ता मैं भरम
घर में ख़ुशियां ख़रीद कर आया

"ज़र्रा" फ़ुरसत थी और यार न थे
ख़ुद से गुफ़्त-ओ-शुनीद[8] कर आया

1. सियह = काले, 2. सपीद = सफ़ेद, 3. दौर-ए-ज़ुल्मत = अँधेरे का समय,
4. बेनवीद = बिना अच्छी ख़बर के, 5. कशीद = छान,
6. एतिराफ़ = अपराध को स्वीकारना, 7. मुन्सिफ़ = न्यायाधीश,
8. गुफ़्त-ओ-शुनीद = कहना और सुनना

ग़ज़ल

प्यास में प्यासा मर जाने से कम कुछ भी मंज़ूर नहीं
पीना है तो मयख़ाने से कम कुछ भी मंज़ूर नहीं

करनी है तो कर लेते हैं खुल के आओ अदावत[1] हम
ये जो नहीं तो याराने से कम कुछ भी मंज़ूर नहीं

एक हमीं उसके काशाने[2] पर न झलक पाने को गए
क्यूँकि हमें उसके शाने से कम कुछ भी मंज़ूर नहीं

सरगोशी के ज़ख्मों से तो अच्छा बात बढ़ा ली जाए
अब तो हमें सर कटवाने से कम कुछ भी मंज़ूर नहीं

लोग हों अपने या बेगाने लोग तो आख़िर लोग ही हैं
कुछ हमको भी वीराने से कम कुछ भी मंज़ूर नहीं

तुम बाज़ार से मोती लाकर इतराते हो और हमें
सागर में ग़ोता खाने से कम कुछ भी मंज़ूर नहीं

शहरों-शहरों बस्ती-बस्ती नग़्मा सच का गाता हूँ
पर लोगों को अफ़साने से कम कुछ भी मंज़ूर नहीं

उड़ के वापस आ जाऊंगा कह दे बस इक बार कोई
"ज़र्रा" तेरे घर आने से कम कुछ भी मंज़ूर नहीं

1. अदावत = शत्रुता, 2. काशाने = मकान

ग़ज़ल

आसमां से ज़मीं से निकलेंगे
मिट के हम हर कहीं से निकलेंगे

काट दो या उन्हें जला डालो
पर शजर[1] फिर वहीं से निकलेंगे

जितने आते हैं संग[2] आने दो
फूल भी तो इन्हीं से निकलेंगे

आज उभरीं हैं सिल्वटें जिसमें
कल नसीब उस जबीं से निकलेंगे

बस हिफ़ाज़त है एक उरयानी[3]
साँप तो आस्तीं से निकलेंगे

एक मिसरा भी कब ख़ुशी में कहा
शे'र सारे ग़मीं[4] से निकलेंगे

बज़्म में बदगुमां[5] रहे हम पर
देखना किस यक़ीं से निकलेंगे

क्या महक है वतन की मिट्टी की
"ज़र्रा" फिर-फिर यहीं से निकलेंगे

1. शजर = पेड़, 2. संग = पत्थर, 3. उरयानी = नग्नता,
4. ग़मीं = दुख, 5. बदगुमां = संदेह करने वाला

तरही ग़ज़ल

मजाज़ के मिसरे और ज़मीन पर कोशिश

लो मेरे बाम पे फिर आई उतर आज की रात
चैन लाई है उदासी भी मगर आज की रात

रोज़ ज़ुल्मत[1] का ही अहवाल[2] सुनाती है मुझे
ले के क्या आएगी पैग़ाम-ए-सहर आज की रात

फिर से लौटा किसी पैमाना-ए-ख़ाली की तरह
फिर से मैख़ाना बना बैठा हूँ घर आज की रात

क्या तसव्वुर है जो बादा[3] में मिलाई यादें
"मेरे शाने पे है उस शोख़ का सर आज की रात" #

शिकवे होते मगर इतने न ज़ियादा होते
बैठ जाते दो घड़ी पास अगर आज की रात

"ज़र्रा" सो जाओ कि कल रात भी जगना है तुम्हें
कम नहीं ये कि गई तो है गुज़र आज की रात

#*मजाज़ का मिसरा*

1. ज़ुल्मत = अंधेरे, 2. अहवाल = हाल-चाल, 3. बादा = शराब

ग़ज़ल

रुसवाइयों से मुझको पशेमां[1] न कर सके
दामन वो चाक करके भी उरयां[2] न कर सके

ज़िंदां[3] में वो असीर[4] बनाएंगे क्या भला
जो अपने घर में भी मुझे मेहमां न कर सके

सिल तो रहे ज़बां को पे चेहरे का क्या करें
इस दश्त को कभी भी गुलिस्तां न कर सके

हम भी न करते कुछ तो कहे जाते कामयाब
मुश्किल यही कि काम ये आसां न कर सके

तन्हाइयों में क्यूँ न पुकारा है कोई नाम
अपने सिवा किसी का भी नुक़्सां न कर सके

फिर हर नए लिबास में पाया है कोई नुक़्स
हम जो रफ़ू वो एक गरेबां न कर सके

क़ातिल का नाम क्यूँ दम-ए-आख़िर लिया नहीं
यारों को जाते-जाते हिरासां[5] न कर सके

पर्दे में रक्खा और कभी यूं ही गँवा दिया
"ज़र्रा" हुनर को काम का सामां न कर सके

1. पशेमां = शर्मिंदा, 2. उरयां = नग्न, 3. ज़िंदां= जेल,
4. असीर = क़ैदी, 5. हिरासां = भयभीत

ग़ज़ल

दुख का सूरज है ये ढलता कब है
तुझपे है घर से निकलता कब है

ख़ुद-ब-ख़ुद राह कहाँ चलती है
रुकने वाले पे है चलता कब है

शुक्रिया तेरा गिराने वाले
बिन गिरे कोई सँभलता कब है

हाथ जब तक न जलाए कोई
दीप से दीप भी जलता कब है

आदमी बर्फ़ है पर आँच भी तेज़
देखते हैं कि पिघलता कब है

भूक के मारे बिलखता बच्चा
थक के सोता है बहलता कब है

बस अलामत¹ ही बदलते उसके
हाकिम-ए-शहर बदलता कब है

"ज़र्रा" नाराज़ है औरों के लिए
वरना कुछ भी उसे खलता कब है

1. अलामत = पहचान का चिह्न

ग़ज़ल

मैं रहनुमा के कहे रास्तों से दूर रहा
मेरा मक़ाम सदा मंज़िलों से दूर रहा

किसी सराब को करना था अश्क़ से सैराब[1]
सो आते-जाते हुए काफ़िलों से दूर रहा

गुज़र गया हूँ सभी आफ़तों से बे-खटके
वो इसलिए के सभी नेअमतों से दूर रहा

मेरे हुनर से हैं वाबस्ता मेरे ऐब मगर
सिवाए इनके बुरी आदतों से दूर रहा

न तीरगी[2] है न गुमगश्ता[3] राहगीर वहाँ
मैं वो चराग़ हूँ जो महफ़िलों से दूर रहा

ये मुझको सारा ज़माना लगे है क्यूँ दुश्मन
मैं मुद्दतों से मेरे दोस्तों से दूर रहा

बुरे जहान में "ज़र्रा" बुरा हुआ न मगर
वो ज़िंदा रहने को अच्छाइयों से दूर रहा

1. सैराब = सिंचित, 2. तीरगी = अंधेरा, 3. गुमगश्ता = भटका हुआ

ग़ज़ल

सब गए अपने घर शराब के बाद
हम फिरे दर-ब-दर शराब के बाद

कैसे घुल-मिल गए हैं आपस में
शाम-ओ-लैल[1]-ओ-सहर शराब के बाद

हो गया तेरा काम पर ऐ दोस्त
दो घड़ी तो ठहर शराब के बाद

या तो पी ले शराब तू भी या
बात हमसे न कर शराब के बाद

तुझको जल्दी है क्या कि बात कोई
कब रही मुख़्तसर शराब के बाद

शक से पूछे निकाल कर साक़ी
जाओगे अब किधर शराब के बाद

भूली यादों की ओर मत जाना
राह ये पुर-ख़तर[2] शराब के बाद

हुस्न होता है दीद में पिन्हां[3]
देखना इक नज़र शराब के बाद

1. लैल = रात, 2. पुर-ख़तर = ख़तरों से भरी, 3. पिन्हां = निहित,

क़ायदे रख शराब-नोशी के
टूट पर मत बिखर शराब के बाद

और बेख़ुद हुए हैं पर हमने
पाई ख़ुद की ख़बर शराब के बाद

एक जिसकी कमी रही हर दम
एक जाम और भर शराब के बाद

रिंद भी मैं हूँ मैं ही साक़ी हूँ
है न कोई दिगर[4] शराब के बाद

आ गया दिन शराब छोड़ने का
छोड़ देंगे मगर शराब के बाद

सब का महफ़िल में पास[5] रख "ज़र्रा"
सब हैं अहल[6]-ए-हुनर शराब के बाद

4. दिगर = दूसरा, 5. पास = मान, 6. अहल = लोग

नज़्में

वतन की याद में

माना माथे को मयस्सर है नहीं ख़ाक तेरी
माना सासों को हवा तेरी नहीं हासिल है
लेकिन आँखों में बसे तेरे उजाले ही हैं
ख़ूं के हर क़तरे में तेरा ही नमक शामिल है
मैंने दुनिया का सफ़र कर के ये पाया "ज़र्रा"
ऐ वतन तेरी ही गलियों में मेरी मंज़िल है

दादा-दादी की याद में

तुम्हारे साये की वो ठंडी छाँव याद आई
हमारी रूह को जो ने'मतों[1] से लाद आई
सुनाए तुमने सुख़न[2] रस्म-ओ-राह-ओ-रहमत के
ख़मोश तुम हुए तब जा के लब पे दाद आई
तुम्हारे लाड़ की सर पर पनाह थी हरदम
सो ज़िद से माँग लिया दिल में जो मुराद आई
उसी पनाह में आबाद-ओ-शाद हैं "ज़र्रा"
उसी में चुपके से रोए हैं जब भी याद आई

1. ने'मतों = उपहारों, 2. सुख़न = बात

देस का चाँद

परदेस में सूरज जलता है
जब देस में चाँद निकलता है
तुम अपनों की बाँहों में हो
तब कोई अकेला चलता है
जब आता है त्योहार कोई
तब आँख में आँसू ढलता है
जब फ़ोन है बजता रातों में
दिल धक-धक कर के दहलता है
जब कोई ख़बर अच्छी आती
दिल पागल हो के उछलता है
जब कोई ख़बर आती है बुरी
तब दिल न सँभाले सँभलता है
परदेस में देस की बात न कर
ये दिल बच्चा है मचलता है
मैं यार तेरे बिन तन्हा हूँ
तू बोल तुझे कुछ खलता है
ग़म मत कर "ज़र्रा" देस का चाँद
अब तेरी जानिब चलता है

अलविदा

अलविदा तो कह दिया अरमान बाक़ी रह गया
घर के कोने में कोई सामान बाक़ी रह गया
रंजिशों का ज़हर घुलकर कहकहों में उड़ गया
खुशियों का इस जान पर एहसान बाक़ी रह गया
मुश्किलें आईं भी तो वो कुछ-न-कुछ दे कर गईं
मुश्किलों से जो हुआ आसान बाक़ी रह गया
जिसके आने के लिये इतना सजाया था मकान
उसको ही करना मगर मेहमान बाक़ी रह गया
जो बिछड़ जाते हैं "ज़र्रा" कब मिलें कैसे मिलें
पर दिल-ए-नादान में इमकान[1] बाक़ी रह गया

1. इमकान = सम्भावना

आग़ाज़

फिर नया आशियाना बनाने चले
फिर कहीं आब-ओ-दाने को पाने चले
फिर से घर को गँवाना हुआ लाज़मी
फिर से घर ढूँढने और बसाने चले
फिर से तदबीर का इम्तिहां हो रहा
फिर से तक़दीर को आज़माने चले
फिर कहा ज़िंदगी ने मसाफ़त[1] करो
फिर से हम ज़िंदगी के बहाने चले
फिर कहा अलविदा जाने-पहचानों से
फिर से अंजानों से दिल लगाने चले
फिर हवाएँ उड़ातीं हैं "ज़र्रा" हमें
फिर हवाओं में शमएं जलाने चले

1. मसाफ़त = यात्रा

हसरत

शमअ-ए-हसरत-ए-दीदार फ़रोज़ां[1] रखिए

रुख़-ए-रोशन की तपिश ले के जलाया कीजे
लब की रंगीनियों से सुर्ख़ बनाया कीजे
ज़ुल्फ़ की रात के साये में सजाया कीजे
नर्म सरगोशी के झोंकों से परीशां रखिए

शमअ-ए-हसरत-ए-दीदार फ़रोज़ां रखिए

इस तरफ उन्स[2] जुनूं इश्क़ मोहब्बत क्या है
उस तरफ नाज़-अदा लुत्फ़ इनायत क्या है
ये तसव्वुर है तख़य्युल[3] है हक़ीक़त क्या है
कुछ तवक़्क़ो न रखें दिल में जब अरमां रखिए

शमअ-ए-हसरत-ए-दीदार फ़रोज़ां रखिए

कितनी तारीक है हर चाह ये उजली कब है
जाने कितने हैं फ़रेब इसमें ये असली कब है
इश्क़ का नाम तमन्ना है तसल्ली कब है
दिल को बेज़ार न रखिएगा तो हैरां रखिए

शमअ-ए-हसरत-ए-दीदार फ़रोज़ां रखिए

1. फ़रोज़ां = प्रकाशमान, 2. उन्स = आकर्षण, 3. तख़य्युल = कल्पना

किसके है ख़ून-ए-जिगर से तेरा रंगीन जमाल
निक़हत⁴-ए-ज़ुल्फ़ में महके ये बता किसका ख़याल
ये भी मालूम कि बेकार हैं सारे ये सवाल
हाँ मगर इनके जवाबों का भी इमकां⁵ रखिए

शमअ-ए-हसरत-ए-दीदार फ़रोज़ां रखिए

यूं तो कितने हैं यहाँ चारगर आगे मेरे
पर अलामात⁶ समझ उनको न आते मेरे
हर दवा दर्द को कुछ और बढ़ा दे मेरे
अब तो इस रोग को बस दिल में ही पिन्हां⁷ रखिए

शमअ-ए-हसरत-ए-दीदार फ़रोज़ां रखिए

4. निक़हत = ख़ुशबू, 5. इमकां = सम्भावना,
6. अलामात = लक्षण, 7. पिन्हां = निहित

सहर का सफ़र

हमने ये न सोचा था
शब तवील[1] यूं होगी
हमको तो ये लगता था
हक़ सहर पे है अपना

पर किसी की क़िस्मत में
है ज़िया[2] न ज़ुल्मत[3] ही
कुछ असर मरासिम[4] के
ज़ख़्म भी दवा भी हैं
परवरिश जो पाई है
पंख भी क़फ़स भी है
और कुछ अपनी फ़ितरत में
अम्न भी अदावत भी
हिर्स[5] भी बग़ावत भी
बेदिली भी चाहत भी

रख़्त[6] ये उठा कर के
मंज़िल-ए-सहर पाने
हम सफ़र पे चल निकले
गाम[7]-गाम जा[8] से जा
शहर-शहर दर से दर
लोग-लोग दिल से दिल

1. तवील = लम्बी, 2. ज़िया = किरन, 3. ज़ुल्मत = अंधेरा,
4. मरासिम = रिश्तों, 5. हिर्स = लोभ, 6. रख़्त = सामान,
7. गाम = क़दम, 8. जा = जगह

ये सफर नहीं आसां
नेमतों से हसरत का
महफ़िलों से ख़लवत[9] का
उल्फतों से नफ़रत का
इज़्ज़तों से ज़िल्लत का

अब सफ़र से तंग आकर
पूछते हैं झुँझला कर
ये सहर कहाँ पर है

हँस रही है शब हम पे
हँसते-हँसते कहती है
इस सफ़र की गर्दिश[10] में
तुम जहाँ नहीं रुकते
ये सहर वहाँ पर है

9. ख़लवत = एकांत, 10. गर्दिश = परिक्रमा

रात की सरगोशियां

रात भर ठंडी-ठंडी हवा जो चली
सोज़-ए-ग़म से चराग़ां ये दिल हो उठा
लब पे आने लगी ख़ुद-ब-ख़ुद तिश्नगी
कोई नग़्मा भी होंटो पे खुलने लगा
किस क़दर ग़ैबत[1]-ए-यार खलने लगी

याद आए पुराने नए कुछ रफ़ीक़[2]
हादिसे कुछ पुराने भी याद आ गए
कुछ नई रंजिशों के नए वाक़िए
अब शिकायत भी किस की कहाँ तक करें
जब पुराना है ख़ंजर नए हाथ में
ढूँढती रह गई आँख चेहरा शफ़ीक़[3]

किसके होने का एहसास होता है ये
किसको आवाज़ देतीं हैं ख़ामोशियां
किसके क़दमों की आहट सुनाई सी दे
कँपकपाती-सी किसकी ये सरगोशियां
निकहत[4]-ए-ज़ुल्फ़ किसकी हवा में उड़े
कौन हौले से है उंगलियों को छुए
पास क्या दूर भी तुम नहीं अब रहे
हो रहा फिर हमारे ये क्या दरमियां

1. ग़ैबत = अनुपस्थिति, 2. रफ़ीक़ = दोस्त,
3. शफ़ीक़ = हमदर्द, 4. निकहत = ख़ुशबू

घर तेरा बाबा आया

काट बद-शक्ल सा दिन घर तेरा बाबा आया
किस्से परियों के मेरी गुड़िया सुनाए कैसे

सुब्ह दम देख के ख़ुर्शीद[1] सा तेरा चेहरा
तेरे बाबा ने कहा दिन ये भला गुज़रेगा
तूने आँखों में लिये आस जब उससे पूछा
आज क्या शाम को वो तेरे लिए लाएगा

उसने बाँहों में तुझे ले के कहा गुड़िया मेरी
आज आऊंगा तो दिखलाऊंगा खिड़की से तुझे
कि सभी चाँद-सितारे हैं ख़रीदे मैंने
और थाली में फ़लक की वो परोसे हैं सभी
इनको मत देख तू ललचाई हुई नज़रों से
छीन ले नोच ले चख ले हैं सभी तेरे लिए

बस यही सोच के बाबा तेरा निकला घर से
और बदशक्ल ज़माने में क़दम डाल दिए
पीठ पर कोड़े बरसते थे निज़ामत[2] के जिधर
और कानों में चुभें लोगों के तंज़-ओ-ताने
जी में इक बार तो आया कि उठा दे वो भी सर
जाने क्या सोच के ख़ामोश रहा था वो मगर
मुफ़लिसी से तो वो लड़ लेता किसी तरह से पर
बेबसी तोड़ रही थी उसे अंदर-अंदर

1 *ख़ुर्शीद = सूरज, 2. निज़ामत = प्रबंध के अधिकारी*

दिन ढला हारे हुए पाँव उठाकर बाबा
दिल में इक बोझ लिए घर की तरफ़ लौट चला
सुब्ह का वादा उसे अच्छी तरह याद तो था
पर उसे पूरा करे तो भी करे कैसे भला
अब वो किस मुँह से कहेगा तुझे 'गुड़िया मेरी'
चाँद-तारे तेरी मुट्ठी में हूँ भरने आया
तेरे दिल में जो किसी चीज़ की चाहत हो जगी
इससे पहले तू कहे पूरी वो करने आया

तुझको जो कोह-ए-ग़रां[3] सा था लगा बाबा तेरा
आज दरवाज़े पे वो कितना थका सा है खड़ा
खेल हौले से तेरा बाबा परेशां है बहुत
कुछ न अब माँग के यूं भी वो पशेमां[4] है बहुत

तू जो माँगेगी तेरा बाबा वो लाए कैसे
चाँद-तारे तेरी थाली में बिछाए कैसे
दिल के अरमान सभी तुझ पे लुटाए कैसे
तेरी आँखों में हसीं ख्वाब सजाए कैसे
तुझसे अब नज़रें तेरा बाबा मिलाए कैसे
गर बहाने भी बनाए तो बनाए कैसे

काट बदशक्ल सा दिन घर तेरा बाबा आया
किस्से परियों के मेरी गुड़िया सुनाए कैसे

3. कोह-ए-ग़रां = भारी पहाड़, 4. पशेमां = शर्मिन्दा

वतन से दूर

फूल गुलदान में सजा जैसे
या गुहर[1] हार में जड़ा जैसे
जैसे पानी भरा हो बोतल में
घर में है घर से भी जुदा जैसे

एक मुद्दत से दौर-ए-हिजरत[2] है
अब ये ख़ाना-ब-दोशी क़िस्मत है
पर उसी की जहां में है वक़्अत
जिस के दिल में वतन की इज़्ज़त है

अपनी क़िस्मत पे नाज करता हूँ
कैसी वुसअत[3] का एक हिस्सा हूँ
जी रहा हूँ दयार[4]-ए-ग़ैर में पर
ऐ वतन तेरे दम पे ज़िंदा हूँ
मुझको मत भूल जाना ख़ाक़-ए-वतन
याद रखना मैं तेरा "ज़र्रा"[5] हूँ

1. गुहर = मोती, 2. हिजरत = प्रवास, 3. वुसअत = विस्तार,
4. दयार = क्षेत्र, 5. ज़र्रा = कण

सलाम

सरहदों के पर्बतों तुमको सलाम
सरज़मीं के रक्षकों तुमको सलाम

तुम अडिग हो तुम अचल हो तुम अटल
तुम हरिक आफ़त को लेते हो निगल
सब से बढ़कर है तुम्हारा बाहुबल

देश के रणबाकुरों तुमको सलाम
ऐ वतन के बाज़ुओं तुमको सलाम

मौत से नज़रें मिलाते बेधड़क
दुश्मनों को ख़ौफ़ का देते सबक
तुमसे भारत माँ के माथे पर चमक

माँ के प्यारे लाड़लों तुमको सलाम
हिंद के सेनानियों तुमको सलाम

ये रात

ये रात शायद ढल ही जाएगी
मगर
ये आख़िरी के अनगिनत पल
जो कि इतने हैं सियह
ख़ामोश से
एहसास-ए-तनहाई को सोज़-ए-ग़म के देकर पंख
लेकर जा रहे हैं बेबसी के अर्श पर
है जिस जगह पे लग रहा
शायद कि सुब्ह इक याद है
जिसको कहीं पर दूर आये छोड़ कर
जिसको कि छूना दूर
बस
महसूस करने के भी क़ाबिल हैं नहीं ये हाथ
जो अब सिर्फ़ उठ सकते हैं लेकर ये दुआ
कि और कुछ हो या न हो
बस एक हल्की सी ही आहट ही कहीं कर दे सबा
कि कम से कम
ये आख़िरी के अनगिनत पल जो बचे हैं
उनमें से दो-चार ही कट जाएंगे
बस इस गुमां के साथ ही
"ज़र्रा"
कि अब
ये रात शायद ढल ही जाएगी
मगर

फ़ुसूं

फ़सुर्दा शाम और उस पर फ़ुसूं[1] ये तेरी यादों का
कहा था वक़्त-ए-रुख़सत तूने क्या धुँधला गया है अब
ज़रा सा भी न बाक़ी है ख़ुमार अब तेरी बातों का
वो तेरा लम्स[2] बाग़-ए-दिल में था जो फूल-सा खिलता
ख़िज़ां में हिज्र की वो किस तरह मुरझा गया है अब
कोई भूला फ़साना है नहीं जिसका निशां मिलता
मगर कमज़ोर होती याद और भी दिल दुखाती है
हक़ीक़त से गुज़र आए फ़ुसूं में जान जाती है

1. फ़ुसूं = जादू-टोना, 2. लम्स = छुअन

विरासत

रख ले मेरी संतान दिए जा रहा तुझको
विरसे में बयाबान दिए जा रहा तुझको
ईमान के सिखलाए नहीं अस्ल मआनी
बस नाम की पहचान दिए जा रहा तुझको
कुछ खोखली बातें ही करीं अम्न-ओ-सुकूं की
और जंग के इमकान[1] दिए जा रहा तुझको
जो धरती हवा पानी धरोहर में मिले थे
उन पर किए नुक़सान दिए जा रहा तुझको
अब तुझ पे है क्या फूल खिलाएगा तू इसमें
काँटों का गुलिस्तान दिए जा रहा तुझको

1. इमकान = सम्भावना

सुबूत-ए-उल्फ़त

मेरे महबूब न अब माँग सुबूत-ए-उल्फ़त
पेश करने को मेरे पास रहा भी क्या है
सिर्फ़ है राह-ए-वफ़ा की मेरे दामन में ख़ाक
और कहने को सिवा लफ़्ज़-ए-वफ़ा भी क्या है

एक वो दौर था हम-तुम थे बहार-ए-गुलशन
रोज़ सौग़ात फ़िज़ाओं से अता होती थी
शबनमी रात सुलाने को चली आ जाती
और जगाने के लिए बाद-ए-सबा[1] होती थी

मुश्किलें भी थीं हुआ करतीं क़यामत की हंसीं
आज की रात न क्या चाँद दिखाई देगा
आज क्या दिन में कोई अब्र[2] नहीं छाएगा
आज क्या नग़्मा-ए-बुलबुल न सुनाई देगा

एक दूजे में भटक कर के जिया करते थे
ग़म न माज़ी[3] का न कुछ फ़िक्र ही मुस्तक़बिल[4] की
पूछता कोई कि क्या सोचा है तुमने कल का
हँस के कह देते कि सोचेंगे मगर अब कल ही

वक़्त कितना हो हसीं उसका बदलना तय है
हमने भी अपनी मोहब्बत को बदलते देखा
आँच में ज़ीस्त[5] की जल-जल के पिघलते पाया
और साँचे में नए फिर उसे ढलते देखा

1. बाद-ए-सबा = शीतल हवा, 2. अब्र = बादल, 3. माज़ी = अतीत,
4. मुस्तक़बिल = भविष्य, 5. ज़ीस्त = ज़िंदगी

दिल में अब शौक़ के बदले में शिकायत है भरी
और बोसे[6] की जगह होंट पे तल्ख़ी हैं मिले
आफ़त-ए-इश्क़ नहीं जब से हुई फ़िक्र-ए-मआश[7]
शोख़ी-ए-हुस्न के एवज़ हैं जहां के झगड़े

मेरे महबूब मगर कौन सी उल्फ़त सच्ची
वो जो बुस्तान[8]-ए-तसव्वुर में टहलती ही रहे
या कि जो ज़ीस्त के सहरा में झुलस के भी मगर
अपनी मंज़िल की तरफ़ रोज़ है चलती ही रहे

सह कि दुनिया के सितम हम जो जिए जाते हैं
और निबाह करते हैं मायूसियों से साथ अपनी
मेरे महबूब बता क्या ये भी कुछ कम हैं सुबूत
अपनी उल्फ़त किसी इक कोने में ज़िंदा है अभी

मेरे महबूब तू मायूस मोहब्बत से न हो
अपनी उल्फ़त के सुबूत अब भी हैं मिलने बाक़ी
ख़ार दामन के न गिन इतना यक़ीं तू रख ले
गुल अभी और गुलिस्तां में हैं खिलने बाक़ी

6. बोसे = चुम्बन, 7. मआश = आजीविका, 8. बुस्तान = उद्यान

दुनिया

साहिर लुधयानवी के दो मिसरों और ज़मीन पर कोशिश

"ये दुनिया अगर मिल भी जाए तो क्या है" #

अगर मिल गई भी तो क्या देगी दुनिया
बस अपने ही जैसा बना देगी दुनिया
फिर इक दिन यक़ीनन दग़ा देगी दुनिया
"ये दुनिया अगर मिल भी जाए तो क्या है" #

मिटाती जहालत न ग़ुरबत ये दुनिया
सजाती है बाज़ार-ए-नफ़रत ये दुनिया
लुटाती है धरती की दौलत ये दुनिया
"ये दुनिया अगर मिल भी जाए तो क्या है" #

ये दुनिया करे रहनुमा रहज़नों को
दरिंदों के हाथों में दे इस्मतों को
बुरों की ग़ुलामी में रक्खे भलों को
"ये दुनिया अगर मिल भी जाए तो क्या है" #

मैं नादान हूँ और शातिर है दुनिया
मैं आज़ाद हूँ और जाबिर है दुनिया
भला मेरे किस काम की फिर है दुनिया
"ये दुनिया अगर मिल भी जाए तो क्या है" #

झुका के सर उस पर सजा लो ये दुनिया
कि फंदा गले का बना लो ये दुनिया
"तुम्हारी है तुम ही सँभालो ये दुनिया" #
"ये दुनिया अगर मिल भी जाए तो क्या है" #

#साहिर लुधियानवी का मिसरा

नशेब-ओ-फ़राज़

न जाने कितने नशेब-ओ-फ़राज़[1] से गुज़रे
कोई मक़ाम कहीं भी मगर कहाँ पाया
गिरे तो ऐसे गिरे तह को पार कर बैठे
उठे तो ऐसे उठे तंग आसमां पाया

कभी थे हाथ बढ़ाए जो दोस्ती के लिये
हरेक शख़्स को किस तरह सरग़रां[2] पाया
कभी जो चल दिए उक्ता के अहल[3]-ए-दुनिया से
तो पीछे-पीछे ज़माने का कारवां पाया

निकाला घर से अज़ीज़ों ने कैसी ज़िल्लत से
दयार[4]-ए-ग़ैर में छुपने को इक मकां पाया
सबा[5] सुनाने को आयी क़फ़स में हाल-ए-चमन
फ़सुर्दा[6] उसने भी हर सुब्ह गुलसितां पाया

गुज़र गई है मसाफ़त[7] में ज़िंदगी "ज़र्रा"
फ़रेब पाया हरिक गाम पर गुमां पाया
क़सम तमाम नशेब-ओ-फ़राज़ की लेकिन
सफ़र ये ज़ीस्त का हर हाल में रवां पाया

1. नशेब-ओ-फ़राज़ = उतार-चढ़ाव, 2. सरग़रां = घमंडी,
3. अहल = लोग, 4. दयार = क्षेत्र, 5. सबा = शीतल हवा,
6. फ़सुर्दा = खिन्न, 7. मसाफ़त = यात्रा

www.ingramcontent.com/pod-product-compliance
Lightning Source LLC
LaVergne TN
LVHW061549070526
838199LV00077B/6959
* 9 7 8 9 3 9 3 8 9 9 7 3 6 *